H. Falck-Ytter

KOSMOS UND APOKALYPSE

H. FALCK-YTTER

KOSMOS UND APOKALYPSE

*Stufen der Sternenschrift in
Astrologie, Astronomie und Astrosophie*

J. Ch. Mellinger Verlag, Stuttgart

Für alle Zitate aus der Rudolf Steiner-Gesamtausgabe liegen die Rechte beim Rudolf Steiner Verlag, Dornach/Schweiz
Die Horoskope von Beethoven, Leonardo, Dante, Nansen, Einstein und Lesseps wurden mit freundlicher Genehmigung des Verlags am Goetheanum dem Band: Guenther Wachsmuth „Kosmische Aspekte" entnommen.

Einbandgestaltung: Wolfgang Marquardt, Grafiker, Stuttgart, unter Einbeziehung einer Photographie des Verfassers
Die Zeichnungen wurden von Marion Ehrsam gefertigt.

© J. Ch. Mellinger Verlag, Stuttgart
Gesamtherstellung: Wiener Verlag, Himberg
ISBN 3-88069-295-5

MICHAELA CHRISTINA
gewidmet

Empor! Erwachen wir, die Sterne wollen scheinen!
Sie bitten uns, wir mögen ihren Glanz erklären.
Die Sterne können lächeln, Sterne können weinen,
Die Sterne sind im Auge, Sterne werden Zähren:
Der Menschenfriede kam, die Himmel zu vereinen:
Es trägt die Seelensee geheime Geisterfähren.
Wir sollen fort und fort an ewge Sterne glauben,
Sonst kommt der Himmelherbst, dann fallen
Sternentrauben.

Theodor Däubler („Hesperien")

Zum Geleit

Rudolf Steiner wird nicht müde, uns den Gedanken des Oben-Unten in Verbindung mit der Astronomie nahezubringen, der Oben-Unten-Gedanke müsse wieder etwas werden, was uns etwas sagt. Und so sind alle seine Äußerungen zur Sternenkunde zu lesen in Zusammenhang mit dem hermetischen Grundsatz: Alles ist so oben wie unten!

Auch im vorliegenden Buch wird der Sternkunde Genüge unter dieser im Grunde einfachen Voraussetzung. Hermetik ist weit zurückschauend, Hermetik ist historisch.

Aber es soll ja nun Astrologisches veröffentlicht werden unter der Devise einer zukünftigen Gestaltung. Astrologie ist gegenwärtig nur so viel Wert als von ihr möglichst viel möglichst gründlich umgestaltet wird. Und da haben wir in der vorliegenden Arbeit eine ganze Strecke, die so etwas verwirklicht: die mittlere anthropologische Gruppe von Abschnitten, welche sich mit den drei Systemen Nervensinnessystem, mittleres rhythmisches System und Stoffwechsel-Gliedmaßen-System beschäftigt. Es werden dort von Harald Falck-Ytter Methoden ausgearbeitet, welche gestatten, das vorwaltende Glied der Dreigliederung zu erkennen. Man wird also etwa richtig anzugeben haben, was aus der Stoffwechsel-Willens-Region kommt und was daher früher als willensverbundene kardinale Eigenschaften figurierte. Andererseits sind gefühlsverbundene Qualitäten als fest bezeichnet worden und gedankenverbundene als beweglich.

Schließlich und endlich läuft die ganze Studie aus in einer eingehenden Betrachtung, welche sich auf die „12 Stimmungen" Rudolf Steiners richtet. Hier ist Falck-Ytter ganz besonders kompetent, hat er sich doch bis ins letzte um die sprachliche Gestalt der „12 Stimmungen" bemüht, als es darum ging, eine vollgültige Übersetzung dieser Mantren aus 12 X 7 Zeilen ins Englische zu schaffen. Jahrelang ist er damit beschäftigt gewesen, sorgfältigst hat er, der zwei-, dreisprachig Aufgewachsene, geprüft, verworfen und akzeptiert, hat er ausgewählt und das Bestehende gesichtet. So weiß er dem Text dieser Sprüche Erläuterungen beizufügen, die den Leser tiefer als je bisher einführen in das Wesen dieser Dichtung. – In solchen Gedanken, mit solchen Empfehlungen sei der ganze Band in die Veröffentlichung übergeben mit dem Wunsche, daß er dort viele Leser finden möge.

Heinz Herbert Schöffler

Vorwort

Das 20. Jahrhundert hat eine intensive Hinwendung des Menschen zum Kosmos herbeigeführt. Raumfahrt und Weltraumforschung sind hierfür ein Ausdruck. Wissenschaft und Technik haben auf diesen Feldern gewaltige Leistungen vollbracht. Diesen Errungenschaften stehen existentiell-apokalyptische Bedrohungen des planetarischen Lebens der Erde gegenüber. Sie werden verursacht durch unsere Anwendung entdeckter kosmischer Prozesse, die in technisch verwandelter Gestalt im Erdenbereich benutzt werden. Hierzu gehört die Atomtechnik. Diese Bedrohungen werfen die Frage auf, ob unser Verhältnis zum Kosmos ein nur astrophysikalisches bleiben soll. In diesem ist das wahre Wesen des Menschen und der Sterne nicht mit einbezogen. Die wahre Apokalyptik dem Kosmos gegenüber besteht in dem Enthüllen tieferer Sternenkräfte und der durch diese sich offenbarenden evolutiven Zukunftsintentionen des Kosmos. Dabei kann der Mensch nicht allein als Zuschauer beobachtend verbleiben, sondern muß sich willenshaft in die Enthüllungen hineinstellen. – Das ebenfalls im 20. Jahrhundert kräftig zugenommene Interesse für Astrologie zeigt, daß Fragen da sind, die über Astrophysikalisches hinausgehen und den Menschen selber in seiner Verbindung mit den Sternenmächten sehen wollen. Doch fußt die Astrologie zunächst auf einer altüberlieferten Sternenkunde, auch wenn sie sich empirisch weiterentwickelt hat und vielfach nichts mehr von dieser vergangenen Sternenkunde wissen möchte. Mit dem Heraufkommen der naturwissenschaftlichen Astronomie in Europa im 16. Jahrhundert mußte die Diskrepanz zwischen dem alten astrologischen Weltbild und dem inzwischen fortgeschrittenen, astronomisch erfaßten Kosmos deutlich aufreißen. Die Gegensätzlichkeit von astrologischen Sternzeichen und astronomischen Sternbildern verblieb offen und konnte bis heute nicht voll geklärt werden. Diese wissenschaftliche Unklarheit steht in krassem Widerspruch zu den klar erfaßten Leistungen moderner astrophysikalischer Wissenschaft und Technik. Sie stellt eine Lücke dar im gegenwärtigen Denken und Erleben des Menschen, die nur durch die Aufnahme einer beschreibenden goetheanistischen Forschungsmethode und der Anwendung moderner Geisteswissenschaft in der Gestalt der Anthroposophie geschlossen werden kann. Erst durch diese wissenschaftliche Vervollständigung wird der ganze Mensch als Leib, Seele und Geist wieder in einen neuerfaßten Kosmos einbezogen. Diese Einbeziehung wird auch das Erdenwesen unseres Planeten umfassen. Es kann dadurch eine Wissenschaft entstehen, die sowohl Astrologie als auch Astronomie ergänzt und erneuert. Im Keim wird dabei eine neue Sternenweisheit sichtbar, die Astrosophie genannt werden kann.

Mit Dank wird auf die benutzte Literatur hingewiesen, soweit sie nicht im Text selber Erwähnung findet: Joachim Schulz: Rhythmen der Sterne, Dornach 1963; Wilhelm Hoerner: Zeit und Rhythmus, Stuttgart 1978; Walther Bühler: Der Stern der Weisen, Stuttgart 1983; Meyers Enzyklopädisches Lexikon, Mannheim 1971, Sternkalender, Dornach 1988.

Ludwigsburg zu Advent 1988 und September 1990
H. Falck-Ytter

Einleitung

Es wird in den folgenden Darstellungen dieses Werkes versucht, eine Reihe von lange anstehenden und auch gegenwärtig entstandenen Fragen zu beantworten. Dabei wird davon ausgegangen, daß die tiefere Wirklichkeit der Astrologie nicht bewiesen werden muß, trotz verbreiteten Mißbrauches einer populären Astrologie. Diese überlieferte Menschen-Sternenkunde wird als Tatsache behandelt, die jedoch die Fragen nach dem zeitlichen Ursprung und den besonderen geschichtlichen Bewußtseinsbedingungen ihrer Entstehung aufwirft. Die Beantwortung dieser Fragen führt zu einer anfangsweisen Beurteilung des Wesens der Astrologie und legt damit einen Grund zu ihrer notwendigen Erneuerung. Mit dieser Schrift soll hierzu ein Beitrag geleistet werden.

Die historisch greifbaren Erscheinungen der Astrologie – etwa des individuellen Horoskops – können in ihrer Konkretisierung besonders im 5. vorchristlichen Jahrhundert gefunden werden. Dies ist die Zeit des Entstehens der abendländischen Philosophie in Griechenland. Das etwas später sich ausbreitende Christentum begegnete dann der überlieferten Sternenweisheit mit Mißtrauen oder bekämpfte sie. Dadurch konnte eine eigene Sternenkunde im darauf folgenden christlichen Kulturraum nicht aufkommen. Im Blick auf diese Entwicklung muß gefragt werden: Wie verhält sich die Tatsache des Christuswirkens zur überlieferten Sternenkunde in Wirklichkeit? Und weiter: Geht durch dieses erneuernde Wirken auch eine fortschreitende Sternenkunde, eine Erneuerung der Astrologie hervor?

Im gegenseitigen Verhältnis von Sternen, Sonne und Erde ereignet sich eine sehr langsame grundlegende Veränderung gegenüber dem schon seit langer Zeit fixierten astrologischen Tierkreis mit seinen Sternstellungen. Diese Veränderung wird astronomisch durch die Beschreibung der Kreiselbewegung der Erdachse, der sogenannten Präzession, erfaßt. Welche Folge hat diese für das wahre Verhältnis des Menschen zur Sternenwelt? Entscheidend aktualisiert wird diese Frage, indem manche gegenwärtige Astrologen die durch die Präzession veränderten Sternstellungen berücksichtigen.

Werden die gegenwärtigen Sternstellungen beachtet, ergeben sich andere Monatsdaten für den Eintritt der Sonne in einen neuen Tierkreisbereich gegenüber den überlieferten astrologischen Daten. In diesem Zusammenhang taucht der Fragenkomplex nach dem Unterschied von Sternzeichen (astrologisch) und Sternbild (astronomisch) auf. Für ein inneres meditatives Leben in Übereinstimmung mit dem Sternenlauf wird die Frage zu beantworten sein: Gilt immer noch der astrologisch überlieferte monatliche Rhythmus von Sonneneintritt in die Tierkreis-Kräftebereiche trotz Veränderung durch Präzession und die verschiedene Größeneinteilungen der Bilder gegenüber den Zeichen?

Eine weitere Frage ergibt sich im Blick auf das Feiern der erneuerten christlichen Feste auf der nördlichen und südlichen Hemisphäre. Im Anschluß an verschiedene Darstellungen R. Steiners läge es nahe, diese Feste auf der südlichen Erde auch in Übereinstimmung mit dem Jahreslauf zu feiern. Wie verhält sich der Jahreslauf zum übergreifenden Sternenlauf? Geht aus diesem der entscheidende Aspekt zum gleichzeitigen Feiern der christlichen Feste auf der ganzen Erde hervor?

In den verflossenen Jahrzehnten ist viel von unserer Gegenwart als einem „Wassermann-Zeitalter" gesprochen worden. Welche Wirklichkeiten kann der jetzige Mensch mit einem solchen kosmisch definierten Begriff verbinden? Auf welcher Ebene können die von R. Steiner aufgezeigten Kulturzeiträume der Menschheit unter einem Sterneneinfluß gefunden werden? Denn nach anthroposophischer Darstellung steht die Gegenwart erst am Anfang eines Fische-Zeitalters.

Ein in seiner weitreichenden Bedeutung noch nicht überschaubarer Beitrag zur spirituellen Kosmologie sind die von R. Steiner für die Eurythmie gegebenen „12 Stimmungen". Ihre äußere Form schließt an den astrologisch überlieferten „Widder-Tierkreis" an. Die Inhalte jedoch erweisen sich als unmittelbar gegenwärtig und zukunftsweisend. Welche Bezüge ergeben sich, wenn diese zunächst zeitlosen Mantren in die Rhythmen des Jahreslaufs eingefügt werden? Folgen sie der überlieferten astrologischen Ordnung oder der gegenwärtig astronomischen? Die Lösung dieser Fragen berührt das Wesensverhältnis der Menschen zum Kosmos der Gegenwart.

Diese Fragenkomplexe werden durch Beschreibungen von fortschreitenden kosmisch-irdischen Phänomenen dargestellt. Zu diesen muß eine Willensbeziehung erübt und gefunden werden. Denn es handelt sich im Verhältnis des Menschen zum verlorengegangenen Sternenbezug nicht länger um eine schon im Überfluß vorliegende Wissenserweiterung, sondern um einen wiederzufindenden Eintritt in die Kräftesphären, die den Sternenwirkungen und ihren Himmelskonfigurationen zugrunde liegen. Es wird daher vielfach auf gedankliche Erklärungen verzichtet, um Raum zu geben für die selbständig herbeigeführte und notwendige Zusammenschau der Phänomene. Diese Schrift ist daher mehr eine festgehaltene Arbeitsgrundlage als ein literarisches Werk und kann bei der umfassenden Tiefe des Themas nur skizzenhaft sein.

Kosmos, Tierkreis und Zeit

Im Aufblick zu den Sternen hat der Mensch um sich eine Sphäre leuchtender Erscheinungen. Dieser von Sternen erleuchtete Raum erscheint unendlich weit ausgedehnt und damit unbegrenzt. In diesem ist weder Anfang noch Ende zu finden. – Ein vielbeachteter Sternbilderkranz innerhalb der ausgebreiteten Sternkonfigurationen wurde immer als besonders wesenhaft erlebt, indem er den Hintergrund bildete, auf dem die Planeten, die Wandelsterne unseres engeren Sternsystems, sich bewegen. Zu diesen Planetenkörpern wurde früher auch die Sonne gerechnet. Zusammen mit ihr gestalten die Wandelsterne durch offenbare und verborgene Wirkungen das Leben auf der Erde. Der Wechsel von Tag und Nacht, der Gezeitenrhythmus von Ebbe und Flut und die astrologisch-erfahrenen Einflüsse auf das Menschenschicksal sind Ausdruck dieser Wirkungen. Durch solche Einwirkungen wurden die Planetenkörper als wesentliche Vermittler für die Kräfte des weit entfernten Fixsternhintergrundes erkannt. Der geschlossene Kranz dieser in den Raumesweiten leuchtenden Gestirne mit ihren verschieden gestalteten Bildern wurde „Tierkreis" oder „Zodiakus" genannt.

Die Erfassung des Tierkreises entstand in einer weit zurückliegenden Zeit, in der die Menschen noch wirksame und verschiedenartige Kräfte von den Sternen kommend erlebten. Um diese Einflüsse zu bezeichnen, suchten sie im Erdenbereich nach Erscheinungen, die ähnliche Kräfte offenbaren. Wurde etwa von gewissen Sternen her eine besonders intensive, in die starke Versinnlichung strebende Kraft erlebt, erkannte man sie in der Tiergestalt des Löwen wieder. Das entsprechende Sternbild nannte man dann:

Löwe. Die gefundene Verwandtschaft zwischen Himmel und Erde bestätigte den Menschen die überlieferte Kunde von der Verbindung und Übereinstimmung zwischen den Sternenmächten und der Erdenwelt. In der Vertiefung dieser Erlebnisse wurde erkannt, wie in den Sternbildern zusammen mit den Stellungen (Konstellationen) der vor ihnen wandelnden Planeten noch Bereiche der Schöpfungskräfte erfahren werden, aus denen die irdischen Dinge und Geschöpfe einstmals durch die Schöpfung hervorgegangen waren. Daß in späteren Zeiten, beim Abdämmern dieser ursprünglichen Erfahrungen, sich viel willkürliche Phantasie in die Erlebnisse den Sternen gegenüber einmischen konnte, braucht hier nicht weiter betont zu werden.

Auch der Tierkreis ist – der unmittelbaren Wahrnehmung nach – ohne Anfang und Ende. Die astrologische Überlieferung gibt allerdings eine Folge an: Widder als Anfang und Fische als Ende. Für den gegenwärtigen Menschen ist dies jedoch nicht mehr als eine Tradition, deren genauer Ursprung zunächst schwer zu durchschauen ist. – Worauf bezieht sich die Frage nach Anfang und Ende? Zunächst nach dem Wesen der Zeit. Im Gewahrwerden eines inneren Zeitstromes, veranlaßt durch Ereignisse im äußeren Raum, entstehen im Menschen Ideen, die nicht nur Erkenntnisse erschließen, sondern sich selber als Teile von äußeren Verwandlungsvorgängen enthüllen. Allein in diesen Vorgängen gestaltet sich das Leben. Mineral, Pflanze, Tier und Mensch können in ihren Entfaltungen nur im Wandel der Zeit verstanden werden. So auch die wirkende Welt der Sterne in ihrem Verhältnis zum Menschen und der Erde. Bleibt man bei der Vorstellung eines durch Millionen von Jahren im wesentlichen unveränderten Kosmos, sind die im Zeitelement enthaltenen Verwandlungen in der Vorstellung einer stets gleichen materiellen Dauer erstarrt. Das eigentlich zeitlich Wirkende des organischen, biologischen und seelischen Lebens kann dabei nicht erfaßt werden. Das innere Zeitelement, aus dem dieses Leben erkannt wird, muß allerdings oft erst lange gesucht werden, bevor es deutlich in der Anschauung auftritt. In einem noch höheren Maße gilt dies auch für geistige Lebensprozesse. Die innere zeitliche Entwicklung der Sternenwelt mit ihren in Verwandlung begriffenen Weltenkräften tritt nicht direkt sichtbar in Erscheinung, denn die wahre Evolution vollzieht sich zunächst in den verborgenen Seinstiefen. Wenn diese zur Erscheinung kommen, wird anschaubar, in welcher Art das Raumeswesen des Tierkreises sich in den Zeitstrom einfügt und dabei Anfang und Ende in die Erkenntnis eintreten.

Für unsere Gegenwart ergibt sich die Zeit aus dem Verhältnis von Sonne und Erde. Der irdische Jahreslauf mit seinen wechselnden Lichtzeiten und Sonnenständen erweist sich für jeweils verschiedene Erdenbereiche als der äußerlich anschaubare und innerlich erlebbare Zeitenstrom. Hierbei wechselt die Erde-Sonne-Beziehung von Sommer und Winter, von Tag und Nacht. Suchen wir die wahrnehmende und erlebende Erfahrung der Sonne, werden wir dies kaum im Winter tun und schon gar nicht in der Nacht. Wesensgemäß durchdrungen, werden die verschiedenen Zustände des Jahreslaufes zum Okular, durch welches in den Kosmos geschaut werden kann. So gibt es im Jahreslauf eine Stunde, die uns das Wesen der Sonne enthüllen kann: die Sommer-Sonnenwende. Zeitlich – durch ihr längstes Verweilen über dem Horizont – und räumlich – durch ihren Höchststand – wird die Sonne für uns umfassend anschaubar, wobei sie gleichzeitig ihre größte Licht- und Wärmefülle entfaltet. Stellt sich der Mensch auf diese Sonnenstunde des Jahres ein, kann sie ihm das Wesen der Sonne enthüllen. Daß dies nicht unmittelbar und auch nicht voll eintritt, ist zunächst nur durch die Unvollkommenheit des Menschen bedingt.

Sterne, Sonne und Erde

Es ist dem Gegenwartsmenschen fremd, in derselben Art wie nach der Sonnenstunde auch nach der Sternenstunde des Jahres zu fragen. Denn seit der Zeit des Griechentums steht die Sonne im Mittelpunkt des abendländischen menschlichen Sternenerlebens. In der Zeit vorher dagegen – etwa im babylonisch-chaldäischen Bereich – war der Nachthimmel mit seinen Sternbildern und Planetenkonstellationen lange dominierend. – Wir sprechen heute von der Winter-Sonnenwende, obwohl zu dieser Stunde die Tierkreis-Sternbilder sich in ihrer größtmöglichen Anzahl erheben und kulminieren. Einzelne Bilder erstrahlen auf dem höchsten Punkt ihrer Bahn – dort, wo im Sommer die Sonne steht – und machen eine eindrucksvolle Wende in den Höhen durch, während die Sonne in den tiefen unsichtbar wendet. Dieser Zeitpunkt ist damit die Sternenstunde des Jahres. Zu dieser gehört die Mitternachtsstunde, wie die Mittagsstunde zur Sommer-Sonnenwende gehört. – Da bei den Jahreszeitenwenden die Sonne stillzustehen scheint, spricht man vom „Solstitium", dem „Stehen der Sonne", was dann auch für die Sterne gilt. Im Verhältnis zu diesem längeren „Stehen" erscheinen die zeitlichen Verschiebungen unbedeutend, die sich dadurch ergeben, daß die Stunden der Wenden nicht genau mit den Mitternachts- und den Mittagsstunden zusammenfallen. So stellen diese mit ihren Sternen- und Sonnenstellungen Urbilder dar.

Die Wende der Sonne in den kosmischen Tiefen zu Winterbeginn verhält sich zu ihrer Wende in den Höhen am Anfang des Sommers wie ein verborgener Keim zur sichtbaren Blüte: Licht und Wärme entfalten sich blütenhaft zur Sommerwende. Für den Sternenlauf vollzieht sich dieser Vorgang umgekehrt: Im Gegensatz und in Ergänzung zum Sonnenlauf erscheint zur Winterwende die kulminierende Sternenkonstellation wie die Entfaltung vieler Blüten, während die entsprechende Wende im Sommer verborgenem Keimen gleichkommt. In ihrer jährlichen Wiederholung bleibt diese „Sternenblüte" während eines menschlichen Erdenlebens immer die gleiche. Erst lange Zeiträume führen eine andere Wendestellung der Bilder herbei. Im Jahreslauf steht diese Tierkreisstellung im Bereich zwischen Zeit und Dauer und hält sich als leuchtendes Urbild etwa eine Woche lang. – Die zwölffache Erscheinung der verschiedenen Sternbilder als Ausdruck des ganzen Tierkreises zeigt die Größe und Mannigfaltigkeit der Sternenkräfte gegenüber der nur einmaligen Sonne. Diese aber zeigt ihre einmalige Größe durch die Zeiträume hindurch, indem sie in immer neuer Art die wechselnde Aufnahme und Weitergabe dieser mannigfaltigen Sternenkräfte offenbart.

Im Aufblick zur Wirklichkeit der Sterne kann sich der Mensch der Gegenwart wieder in die Raumesrichtungen so hineinstellen, daß er seinen Zusammenhang mit den Raumesqualitäten, dem Raumeswesen, erlebt. Dadurch gliedert er sich wieder in diese Wirklichkeit ein. Um die Ekliptik mit dem Tierkreis vor sich zu haben und diese in ihren wechselnden Stellungen genau zu erfassen, vergegenwärtige sich der Mensch seine aufrechte Gestalt genau nach Süden gerichtet. Die nach beiden Seiten gerade ausgestreckten Arme zeigen dann in östliche und westliche Richtung, der

linke Arm nach Osten, der rechte nach Westen. Unsichtbar für diesen Menschen befindet sich hinter ihm der nördliche Sternenhimmel mit dem Polarstern. Schaut der Mensch zur Jahresmitternachtsstunde nach oben, erblickt er in den Höhen die zur Winterwende kulminierenden Sternbilder: Sie stehen genauso hoch am Himmel wie die Sonne zur Sommerwende. Für die Gegenwart ist diese Erscheinung im Tierkreiszenit jedoch nicht ein einzelnes Bild, sondern das Grenzgebiet zwischen zwei Sternbildern. Gegen Osten zu erstreckt sich weit das Bild der Zwillinge mit den leuchtenden Fixsternen Castor und Pollux im Südosten; gegen Südwesten steht das auffällige Bild des Stieres mit dem hellen Aldebaran.

Die Stellung dieser beiden Sternbilder auf jeder Seite des durch den hohen Kulminationspunkt genau in Richtung Süden verlaufenden Längenkreises (Meridian) ermöglicht es nicht, dem Betrachter zu sagen, welches Bild nun diese Stunde beherrscht. Der betrachtende Mensch schaut in ein Grenzgebiet, gewissermaßen in ein „Niemandsland" und eigentlich in ein Nichts im Vergleich zu den weitausgebreiteten Bereichen der beiden angrenzenden Tierkreisbilder. Bedenkt man, daß dies ein zeitlich-räumliches Urbild sein kann, so wäre es verständlich, wenn Sternkundige früherer Zeiten diesen Anblick als einen offenen Grenzbereich erkannt hätten, wo eine Weltensternenkraft von einer anderen getrennt und noch nicht deutlich ist, welches Sternbild denn nun die Sternenstunde erfüllt und beherrscht. Nähme man an, daß solches Erleben auch für unsere Gegenwart gälte, so sähe man in dieser Bilderkonstellation den urbildlichsten Ausdruck für die immer wiederkehrende Erkenntnis: Unsere Gegenwart ist eine Übergangszeit; hiermit verbunden führt das Erleben eines „Niemandslandes" mit einer Grenze zu einer Krise, die auch als Abgrund erlebt werden kann. Diese allgemeine Empfindung der Gegenwart wäre also auch ein kosmisch bedingtes Erleben. (Das genauere Verhältnis des Südmeridians zur Grenze zwischen Stier und Zwillinge ergibt sich durch einen Blick auf die Sommer-Sonnenwende, bei der die Sonne spiegelbildlich zur Winterwende steht. Zur Sommerwende befindet sich die Sonne ein bis zwei Grad in den Zwillingen, nachdem sie zwei Tage vorher in der Jahreslaufbewegung vom Stier in die Zwillinge übergewechselt ist. Der genau südlich verlaufende Längenkreis [Meridian] zwischen den beiden Sternbildern befindet sich in der Jahres-Mitternachtsstunde demnach ein bis zwei Grad östlich der Grenze zwischen Stier und Zwillingen, also im unmittelbaren Grenzbereich auch für eine genauere Berechnung).

Das Voranschreiten der Sonne in der Präzession

Im Verlaufe der Jahrhunderte und Jahrtausende verändert sich merkbar die Jahres-Mitternachtsstellung der Sternbilder. Die Ursache hierfür ist in einer Eigenbewegung des Erdplaneten zu suchen: in der sogenannten Präzession (deutsch: das Vorangehen). Dieser Begriff wird heute vor allem auf eine Bewegung der Erdachse bezogen, die in einer langsamen Kreiselbewegung in der Art rotiert, daß die Polachsen zwei Kegelflächen beschreiben, die sich dadurch ergeben, daß die Erdachse um 23,5 Grad gegenüber der Ekliptikebene geneigt ist. Diese Ebene ergibt sich aus der unendlichen Verbreiterung der Umkreislinie der Sonnenbahn, die vor der Mitte der Tierkreisbilder als geschlossener Kreis verläuft. In der vorliegenden Darstellung wird der Begriff „Präzession" im überführten Anschluß an die ursprünglich am Himmel festgestellte astronomische Tatsache verwendet: das langsame gegenseitige Entfernen der Fixsterne auf der einen Seite, gegenüber der Sonne mit dem Planetensystem auf der anderen; die Sterne nach Osten, die Sonne nach Westen. Das Ergebnis der festgestellten Bewegung der Fixsterne wurde schon im Griechentum als Präzession bezeichnet, indem diese Bewegung der Jahresbewegung der Sonne und Planeten von West nach Ost voranzugehen schien. Denn für die Griechen stand die Sonne im Mittelpunkt und bestimmte durch ihre Jahreslaufrichtung das astronomische Geschehen, und nicht mehr die nächtlichen Fixsterne wie in manchen vorhergehenden Kulturen.

Es wird im folgenden aufgezeigt, wie die von der Kreiselbewegung der Erde verursachte Bewegung – wird sie nicht mehr auf die Fixsterne, sondern auf die Sonne selber bezogen – einen neuen, gegenwärtigen Sinn des Begriffes „Präzession" aufnehmen kann. Dieser wird daher in den Darstellungen auch für die sich ergebende Sonnenbewegung am Himmel selber verwendet. In dieser Art erkannt, kann die Präzession entsprechend dem gegenwärtigen Bewußtsein durchaus als ein Vorwärtsschreiten der

Sonne von Ost nach West in Übereinstimmung mit ihrem täglichen Vorwärtsschreiten in der Tagesbewegung gesehen werden. Denn diese vermittelt uns das Erlebnis der in die Zukunft laufenden Zeit.

Die üblicherweise als Folge der Kreiselbewegung dargestellte Wanderung des Frühlingspunktes ist die gleiche Erscheinung wie das Voranschreiten der Sonne als Präzessionsvorgang. Der Frühlingspunkt ist zunächst der Schnittpunkt von Ekliptik und Himmelsäquator (Projektion des Erdäquators als Ebene). Wenn die Sonne in diesen Punkt als Folge der Jahresbewegung der Erde um die Sonne eingetreten ist, beginnt der Frühling für eine Erdhälfte. Der Ort im Tierkreis, vor dem sich die Sonne zu Frühlingsbeginn befindet, ergibt sich aus der Verbindung des Erdmittelpunktes mit dem Frühlingspunkt und der weiteren Projektion dieser Linie bis zu den Fixsternen des Tierkreises (etwa als angenommene Sichtlinie eines Beobachters). Der Ort im Tierkreis, auf den diese Linie auftrifft, ist gewissermaßen ein zweiter Frühlingspunkt. Dieser Punkt bewegt sich in gleicher Art auf der Ekliptik durch den Tierkreis wie die Sonne selber. Erst die Zusammenschau von Sonne und Frühlingspunkt erfüllt die zunächst abstrakte Vorstellung dieses Punktes mit dynamischer Wirklichkeit. – Wenn im öfter üblichen astronomischen Sprachgebrauch von einem „Rückwärtswandern" des Frühlingspunktes gesprochen wird, so entsteht diese Richtungsbestimmung ebenfalls durch den Vergleich mit der Sonnen-Jahresbewegung als vowärts: Gegenüber dieser verläuft der Frühlingspunkt rückwärts. Hierbei werden zwei Bewegungsimpulse miteinander verglichen, die nicht zusammengehören. Diese Richtungsbestimmung ist also nicht wirklichkeitsbezogen. Auch wenn das Voranschreiten der Sonne durch die Präzession in gegenwärtiger rational geprägter Verstandesauffassung als Scheinbewegung angesehen wird, wird die vorliegende Darstellung diese Bewegung und alle vergleichbaren Erscheinungen in derselben Art beschreiben, wie heute noch von „Sonnenaufgang" gesprochen und dies auch unmittelbar im Sinne eines Aufgehens erlebt wird. Es wird ja noch nicht der Begriff „Erdenniedergang" gebraucht, der sich äußerlich-logisch aus unserem Wissen der Eigenumdrehung der Erde ergeben würde. Dieses Wissen verliert durch die Beibehaltung des ursprünglichen Wortgebrauchs nicht seine wichtige Bedeutung.
– Ein weiteres anschauliches Beispiel im Hinblick auf die Wirklichkeit von Bewegungen sind die rückläufigen Schleifen der Planetenbewegun-

gen. Sie entstehen durch die verschiedenen Bewegungsverhältnisse von Fixsternen, Planeten und Erde zueinander. Eine genauere Erkenntnis der Vorstellung „Schein" in diesem Zusammenhang zeigt, daß erst eine vorausgehende Vorstellung gebildet werden muß, um zu einer solchen Auffassung zu kommen. Sie besteht in der Konstruktion des heliozentrischen Aspektes des Planetensystems, als Blick auf das Planetensystem von der Sonne aus. Im Sinne der astronomischen Wissenschaft stellt diese Vorstellung selbstverständlich einen bedeutenden Fortschritt dar. Bei diesem Aspekt kann nicht von einer Schleifenbildung gesprochen werden. Die Planeten bewegen sich auf stetig vorwärtsschreitenden eliptischen Bahnen. Die heliozentrische Vorstellung kann schließlich dazu führen, daß man sich in Gedanken zum einzelnen Planeten hinbegibt, um bestätigt zu finden, daß keinerlei Bewegungsschleife vorliegt. Dabei wird aber übersehen, daß dieser Körper nun völlig isoliert von allen anderen, vor allem von der Erde, betrachtet wird. Entscheidende Bewegungsbeziehungen, die auf Wesenhaftes hinweisen, gehen dabei verloren. Wird dieser Aspekt auf die kosmische Gesamterfahrung überführt, entsteht eine verarmende Unvollständigkeit. Sie führt zum Verlust der wesenhaften Kräfteprozesse im Verhältnis zwischen Kosmos und Erde.

Besteht ein solches Verhältnis, erhält die Schleife eine noch umfassendere Wirklichkeit als die sichtbare. Ein einfaches angenommenes Beispiel zeigt dies: Würde die Schleife genau zwischen Sonne und Erde von einem Körper gebildet werden, so fiele der Schatten dieser Schleife auf die Erde. Im Spannungsfeld zwischen Licht- und Dunkelwirkungen wäre dieser Schattenwurf eine Realität, die sich gewissermaßen in die Lebensvorgänge der Erde einschreibt. Im entsprechenden Sinne ist die Planetenschleife ein wichtiges Ereignis im wesenhaften Bewegungsverhältnis und im Kräftefeld zwischen Sternenwelt und Erde. – Die unmittelbar sichtbaren Tatsachen sprechen eine Sprache, die erst anschaubar und hörbar gemacht werden muß.

Blickt man in dieser Art auf den Gang der Sonne, ergeben sich drei fundamentale Bewegungsvorgänge. In der Tagesbewegung geht die Sonne im Osten auf und im Westen unter. Diese Bewegung hat sie gemeinsam mit allen Planeten und dem Fixsternhimmel. Es ist der tägliche Himmelsumschwung. Die äußere Ursache hierfür ist die Eigenrotation des Erdplaneten. Diese Tagesbewegung der Gestirne vollzieht sich mit einer Geschwindigkeit, die das wahrnehmende Auge gerade noch erfassen kann. Damit erlebt der Mensch diesen Bewegungsvorgang im unmittelbaren W a h r n e h m e n.

Das ist nicht der Fall bei der zweiten Sonnenbewegung. Wir kennen diese auch meist nur aus dem abgehobenen Wissen, daß die Sonne im Jahreslauf von einem Tierkreiszeichen zum nächsten überwechselt. Dieses Wissen ist ein Ergebnis kulturell-astrologischer Tradition. Außerdem ist es astronomisch gebildeten Menschen bekannt, daß sich die Sonne annähernd in jedem Monat am Himmel in einem anderen Tierkreisbild befindet. Die äußere Ursache hierfür ist die in der gegenwärtigen Astronomie angenommene Jahresbewegung der Erde um die Sonne. Von der Erde aus gesehen, erscheint der Gang der Planeten mit der Sonne von West nach Ost als Bewegung durch das Jahr, wobei die Geschwindigkeiten dieser Himmelskörper verschieden sind. Da der Mond sich am schnellsten bewegt, zeigt sich an ihm die Erscheinung am deutlichsten. Zu einer selbständigen Anschauung der Art dieser Bewegung gelangt der Mensch, wenn er etwa die Stellungen des Mondes an nacheinander folgenden Nächten beobachtet.

Der Untergang des Mondes am Westhorizont an einem späten Abend findet am folgenden Abend nicht zum gleichen Zeitpunkt statt. In seiner täglichen Ost-West-Bewegung hat der Mond zur gleichen Zeit am zweiten Abend noch nicht den Westhorizont erreicht; er steht noch ein gutes Stück über diesem und ist damit nach Osten zurückgeblieben. Das Zurückbleiben ist ein gegenüber der Ost-West-Bewegung selbständiger Vorgang und ist ein Ausdruck der Bewegung durch das Jahr von West nach Ost; an dieser nimmt die Sonne auch teil. Sie vollendet diese Bewegung im Durchgang durch alle Sternbilder im Verlaufe eines Jahres. Da sich im Anschauen dieser Bewegung die jährliche West-Ost- mit der täglichen Ost-West-Bewegung durchdringt, tritt die Jahresbewegung nicht in die unmittelbare äußere Anschauung des Menschen, sie ist in der Wahrnehmung verborgen. Bei diesem grundlegenden zweiten Bewegungsvorgang der Sonne mit den Planeten schreitet der Mensch vom Wahrnehmen zum D e n k e n vor, denn nur im Vergleich der zunächst zeitlich und räumlich getrennten Planetenstellungen ermittelt der Menschengeist die Tatsache der selbständigen Planetenbewegungen durch das Jahr (die Umlaufzeiten der Planeten).

Sonnenlauf

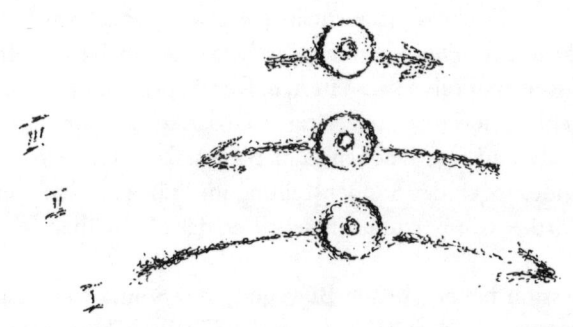

I   Tagesbewegung   24 Stunden
II   Jahresbewegung   365 Tage
III   Weltenjahr-Bewegung 25920 Jahre

Die dritte Sonnenbewegung ist die durch die Präzession verursachte. Sie durchdringt sich im Anschauen mit der gegenläufigen Jahresbewegung. Wie bei dieser ist dabei das langsame Voranschreiten der Sonne nicht wahrnehmbar. Sie ist aber auch in der Art der Jahresbewegung denkerisch nicht direkt erschließbar, da die mit der Präzession verbundenen Veränderungen nicht im Verlaufe eines Menschenlebens bemerkt werden können. (Die Veränderung nach einem Menschenleben von 72 Jahren wäre gerade noch durch eine Verschiebung der Sonne gegenüber dem Sternenhintergrund um 1 Grad sichtbar; das entspricht etwa 2 optischen Vollmondbreiten am Himmel.) Dies kann nur geschehen, wenn der einzelne Mensch seinen Wissensumkreis so erweitert, daß er Wahrnehmungstatsachen der Vergangenheit und ihre zugehörigen Gedanken aufnimmt und verarbeitet. Dadurch kann das Denken zum B e w u ß t s e i n erweitert werden. Die Veränderungen der Sonnenstellung im Präzessionsvorgang sind zugleich Ausdruck von Bewußtseinsschritten der Menschheit.

Die aus der Präzession hevorgehende Bewegung der Sonne währt fast 26 000 Jahre, bevor sie auf ihrer Bahn durch den Tierkreis hindurchgewandert ist. Dieser Zeitraum wird das „platonische Weltenjahr" genannt, da der Philosoph Plato schon im Altertum auf diesen Sonnengang hingewiesen hat. Die etwaige Dauer für den Durchgang durch den zwölften Teil des Tierkreises, entsprechend einem Abschnitt von 30 Grad, beträgt 2 160 Jahre. Die daraus folgenden deutlichen Veränderungen im Wahrnehmungsbereich würde der Mensch erst bemerken, wenn er einige hundert Jahre nach seinem Tod wieder auf der Erde erschiene. Vom Gesichtspunkt der Wiederverkörperung (Reinkarnation) veranlagt die Präzession die neue kosmische und irdische Umgebung des Menschen.

Sternzeichen und Vorzeit

Die astrologische Welterfahrung hat sich so weit in die Menschheit eingelebt, daß es heute schon Millionen von Kindern und noch mehr Erwachsenen bewußt ist, in welchem Tierkreiszeichen sie geboren sind. Diese abgekürzte Redeweise gibt an, in welchem Sternzeichen die Sonne bei der Geburt gestanden hat. Wird ein Mensch in den ersten Tagen nach Frühlingsbeginn (21. März) geboren, ist er ein „Widder-Geborener". Einen Monat später wäre er im Zeichen des Stieres geboren. Um den 22. eines jeden Monats wechseln die Zeichen durch das Jahr hindurch, so daß in diesem Rhythmus alle 12 Sternzeichen durchlaufen werden. In Verbindung hiermit hat sich die überlieferte astrologische Tradition auch in die allgemeine Erfahrung des Jahreslaufes eingelebt. So wird der Frühling im Charakter der Stoßkraft des Widders gesehen, der Herbst als Ausdruck der Ausgeglichenheit der Waage. Auch in der Geographie finden sich noch manchmal Überlieferungen astrologischer Tradition: die Wendekreise des Erdplaneten werden dann als die des Krebses und Steinbocks bezeichnet. Sie zeigen als besondere Breitenkreise an, wo zu den Sommerwenden die Sonne jeweils lotrecht über einem Punkt dieser Kreise steht: auf der Norderde über dem Kreis des Krebses, auf der Süderde über dem des Steinbocks. In der Gegenwart wendet aber die Sonne am Himmel jeweils in den Bildern Zwillinge und Schütze.

Vergangene und gegenwärtige Erfahrungen zeigen, daß sich diese astrologischen Traditionen auf Wirklichkeiten beziehen. Im Blick auf den Menschen wird man in einer überwiegenden Anzahl von Beispielen schon bei einer einfachen phänomenologischen Betrachtung die 12 Menschenstrukturen der astrologischen Zeichen finden. Sie sind im Menschenwesen veranlagt und sind ein Bestandteil des seelischen und biologischen Lebens.

Seit dem Aufkommen der modernen Naturwissenschaft und damit einer zeitgemäßen Astronomie wurde aber immer deutlicher und eindringlicher die Frage nach der Diskrepanz zwischen gegenwärtiger Stellung der Sonne im Tierkreis und dem Sonnenstand der astrologischen Tradition gestellt. Denn ein Widder-Geborener der Gegenwart im Sinne dieser Tradition, der also gleich nach Frühlingsbeginn das Licht der Welt erblickt hat, wäre bereits vor 2 000 Jahren ein Fische-Geborener gewesen; denn die Sonne stand damals zu Frühlingsanfang schon im Bild der Fische. Die Diskrepanz zwischen faktischem Himmelsort der Sonne und astrologischer Sicht der Sonnenstellung ist also schon sehr alt. Aber erst seit dem Aufkommen der modernen Naturwissenschaft tritt sie immer stärker ins Bewußtsein. Um zur Klärung dieser Frage zu gelangen, muß in diejenige Zeit zurückgegangen werden, in der die Sternenkonstellationen in voller Übereinstimmung mit dem astrologischen Welt- und Menschenbild standen. Dabei muß vor allem der Sternengang selber und weniger die Sonnenbewegung erfaßt werden, da die alten Menschheitszustände vielfach aus einem Sternenbewußtsein hervorgingen.

Das Vorwärtsschreiten der Sonne nach Westen – als Ausdruck der Präzession – veranschaulicht zugleich den in die Zukunft führenden Zeitenstrom. Wird nun der Blick in Verbindung mit diesem Vorgang auf die Sterne gerichtet, zeigen diese die umgekehrte Richtung an: Sie wandern als Folge der Präzession entsprechend von West nach Ost, der Sonne entgegengesetzt. Dieses Rückwärtsschreiten müßte als „Retrozession" der Sterne bezeichnet werden. Jedoch sollte man sich heute bewußt sein, daß die Sternenkulturen des Vorderen Orients diese Bewegung nicht als ein Rückwärts-, sondern als ein Vorwärtsschreiten erlebt haben, da ihr Lebens-Zeitgefühl von rechts nach links verlief. Dem entsprechend, wurde auch von rechts nach links geschrieben. – Wird nun die Jahresmitternachtsstunde in Verbindung mit diesem Sternengang ins Auge gefaßt, so besteht sie aus der Zusammenfügung eines Raumes-, mit einem Zeitenelement. Der Raumesbezug besteht in dem von Nord nach Süd verlaufenden Längenkreis (Meridian), der den südlichen Himmel in eine östliche und westliche Hälfte teilt. Das Zeitelement wird hinzugefügt durch die Mitternachtsstunde, die entscheidet, welche Sterne am südlichen Abschnitt dieses Längenkreises erscheinen. Dieser Längenkreis zur Jahresmitternacht ist also eine Raum-Zeit-Grenze, auf die sich nun die Sterne – als Folge der Präzession von Westen kommend zubewegen. Das bedeutet zugleich, daß sie am Westhorizont über diesem aufsteigen.

Um nun eine Untersuchung der Sternenvergangenheit durchzuführen, muß im Zeitenstrom umgekehrt und diesem entgegengegangen werden. Dabei müssen die Bewegungsrichtungen der Präzession am Himmel umgekehrt werden: Die Sonne wird dabei von West nach Ost durch die Sternbilder zurückgeführt, die Sterne werden von Ost nach West vorangeführt. Hierbei werden die Sternbilder von Osten an die Jahres-Mitternachtsgrenze heranbewegt. Wird nun zur Vereinfachung der zeitlich-räumlichen Übersicht vom kommenden Jahr 2160 ausgegangen und werden dann die Sterne um einen Tierkreis-Zeichenabschnitt von 30 Grad vorangeführt – entsprechend dem Zeitraum von 2 160 Jahren – so ersteht das nächtliche Himmelsbild der Zeit vor etwa 1988 (1992) Jahren, also die Tierkreis-Stellung der Zeitenwende. Hierbei wird erkennbar, wie sich zur

Zeitenwende
21.12. – 24 Uhr

Zeitenwende die Jahres-Mitternachtskulmination der Sterne im Grenzgebiet zwischen den Bildern Krebs und Zwillingen ereignet. Diese bilden die Zenitkonfiguration, die in der Weihnachts-Mitternachtsstunde von den Heiligen Drei Königen und den Hirten auf dem Felde erblickt wurden. Ebenfalls als eine Umbruchs- und Übergangszeit kann eine Parallele zu unserer Gegenwart erkannt werden.

Wie bereits oben erwähnt, stand bei dieser Tierkreisstellung die Sonne schon zu Frühlingsbeginn im Bild der Fische. Dadurch stimmte bereits zur Zeitenwende die astrologische Konstellation mit der astronomischen nicht völlig überein. Hieraus ergibt sich die entscheidende Frage: Wann ereignete sich zum ersten Mal die Geburt eines Menschen genau zu Frühlingsbeginn bei gleichzeitigem Stand der Sonne im Bild des Widders? Dies geschah, als die Grenze zwischen Stier und Widder von der Sonne auf ihrer Präzessionsbahn überschritten wurde: etwa um 1900 vor Christus. Um sich in diese Zeit kosmisch zurückzuversetzen, muß wiederum ein 30-Grad-Abschnitt des Tierkreises von Ost nach West bewegt werden. Das führt etwa in das Jahr 2160 vor Christus. Das so entstehende Bild des Tierkreises zeigt nur wenig Unterschied gegenüber der Zeit um 1900 vor Christus, da die zeitliche Abweichung von wenigen hundert Jahren (2160–1900 = 260) bei diesen kosmischen Dimensionen und für die vorliegende Darstellung unbedeutend ist. Diese Konstellation zeigt wieder eine Grenzsituation. Das Bild des Löwen steht östlich der Südlinie, das Bild des Krebses westlich davon. Diese Stellung der Tierkreisbilder zeigt die Sternstellung, in der sich zum ersten Mal in historisch überschaubarer Zeit die Sonne zu Frühlingsbeginn im Bilde des Widders befindet. Dieses Ereignis kann als Beginn des „astrologischen Zeitalters" angesehen werden.

Chaldäa – Babylonien und Abraham

Diese Sternenkonfiguration des Tierkreises entfaltet sich als urbildliche Jahresmitternachtstellung mit ihren Wirkungen in die chaldäisch-babylonischen Kulturen hinein. In ihnen entstand der Ursprung der Sternenweisheit an der Schwelle zum Abendland. Griechen und Ägypter über-

nahmen diese Weisheit. Der tragende Untergrund der hochentwickelten Zivilisationen des Zweistromlandes waren Sternenerkenntnisse, errungen von den Sternenweisen in den Tempeln dieser Kulturen. Am Ende des 3. Jahrtausends kulminierte die Kultur der Sumerer im babylonischen Bereich. In ihr war schon eine umfassende Sternenweisheit entstanden. Im Jahrhundert vor 2000 errichtete der König Gudea von Lagasch das letzte sumerische Reich, das eine Reihe hochentwickelter Stadtkulturen hervorbringt, darunter die Stadt Ur in Chaldäa, der Herkunftsort Abrahams. Der Übergang in die neue Sternenkonfiguration nach dem Jahre 2000 führt zu einer weiteren irdischen Konkretisierung der Sternenweisheit in diesem Bereich. Indem dieser Teil der Menschheit sich immer stärker in die Erdenwelt hineinlebt, erkennt sie auch, wie der einzelne Mensch schon bei seiner Geburt durch die Sternenkräfte der Geburtskonstellation vorherbestimmt ist. Was später zum Horoskop wird, kündigt sich hier an. Solange die Menschheit noch nicht ganz auf der Erde angekommen war, konnten sich diese Sternenkräfte mit dem irdischen Schicksal des Menschen nicht voll verbinden. Der Mensch blieb eigentlich noch ein Sternen- oder Götterwesen. Das kommt gerade in der Stadt Ur noch einmal deutlich zum Ausdruck, wo zu dieser Zeit eine Vergöttlichung der Königswürde vorgenommen wird. Es war dies der noch späte versinnlichte Nachklang der übersinnlich-göttlichen Bestimmung des Menschen. Beim weiteren Weg in die Verirdischung dieser Kulturen erlangten die Sternengesetze eine immer größere Bedeutung; eine umfassende Sternenkunde wird hervorgebracht. Der Tierkreis wird in seinen später überlieferten Formen wiedergegeben. Blickt man zurück in die Entwicklung, werden früh zwei Gestaltungen erkennbar: die heute bekannte mit ihren zwölffachen, genauen 30-Grad-Abschnitten und eine Einteilung mit ungleich großen Bildern. Hierbei ist etwa die Jungfrau weit ausgedehnt und die Waage eng zusammengedrängt. Im Hinblick auf die Reihenfolge der Entstehung dieser beiden Ordnungen kann gesehen werden: Das lebendig Ungleiche ist die ursprüngliche, der Übergang in die schematische Einteilung die spätere. Diese Entwicklung wird im folgenden noch aufgezeigt. So wird das chaldäisch-babylonische Gebiet zur Wiege der alten Sternenweisheit und damit auch der Astrologie.

In dieser Sternenübergangszeit entsteht eine Lebens- und Schicksalsdramatik, die urbildlich in der Gestalt des Erzvaters Abraham und seiner

Nachkommen zum Ausdruck kommt. Bei aller Größe der sumerisch-babylonischen Sternenkultur wurde eine weitreichende Bedrohung bemerkbar. Sie bestand in der Erfahrung und dem Erleben, daß sich das Menschenleben und die Kulturerrungenschaften vor allem als Ausdruck waltender Sternenkräfte darstellen. Wenn das auch zu großen und bedeutenden Taten führte: Es gab für dieses Erleben und die daraus hervorgehenden Erkenntnisse keinen Weg in die Freiheit. Eine völlige Schicksalsvorherbestimmung durch Sternenkräfte (Sternenprädestination) drohte dem Menschen und seinen Schöpfungen. Auf diesem Hintergrund erscheint der Auszug Abrahams aus Ur in Chaldäa geistig motiviert. Der Auszug war letztlich mit dem Ziel verbunden, dem Menschenwesen einen neuen, noch unbekannten Planeten zu erobern: die Erde. Das Irdischwerden sollte nicht in einer vermaterialisierten Spiegelung und Festlegung der Himmelskräfte bestehen, sondern in neu zu erringenden Fähigkeiten, die nur in Verbindung mit dem zu meisternden Erdenschicksal zu erlangen sind und einstmals zur Freiheit führen. Den Auftrag zu dieser neuen Mission empfing Abraham aus der göttlichen Welt. Seine Begegnung mit Melchisedek, der geheimnisvollen Priestergestalt vor dem höchsten Gott, dem König des Friedens (Salem), enthüllt etwas von dieser Mission. Das Stehen vor dieser Erscheinung ohne Vater und Mutter findet nach dramatisch-kriegerischen Auseinandersetzungen und dem endlichen Sieg Abrahams statt (Genesis 24,18). Abraham hatte das unumgängliche Element der Spannungen und Auseinandersetzungen des Erdendaseins auf sich genommen und diese bestanden; als Ergebnis begegnete ihm der himmlische Friedensbringer.

Unabhängig von Sternenrhythmen kamen nach langem Forschen Historiker überein, das Leben Abrahams in die Zeit um 1900 vor Christus zu legen. Das ist zugleich der Zeitpunkt des Anbruches eines neuen Sternzeitalters. Zwei Ereignisse im Schicksal Abrahams weisen auf diesen Neubeginn hin. Im Anschluß an ein Gespräch Abrahams mit dem „Wort Jahves" über sein weiteres Schicksal im Hinblick auf seine Nachkommen führt Jahve den Erzvater hinaus ins Freie und gebietet ihm, in den Himmel hinaufzuschauen und die Sterne zu zählen. Jahve enthüllt Abraham darauf, daß seine Nachkommen so zahlreich sein werden, wie die Sterne (Genesis 15,5). Was zunächst als ein poetisches Bild erscheint, erweist sich später als eine weitreichende Realität. Nicht nur der Zahl, der Quantität nach beginnt mit Abraham etwas Neues, sondern in den zwölf entstehenden Stämmen konnte ein neues Wesensabbild der zwölf Weltenkräfte des Tierkreises gesehen werden. Es war die Neubegründung eines Menschheitsteiles, der zunächst alleine den Weg zur rechten Irdischwerdung gehen sollte; am Ende würde dieser Weg zur Erscheinung des freien Menschen in Christus führen. Die Israeliten haben sich immer später mit Recht auf Abraham bezogen; denn in ihm ereignete sich ein göttlicher, kosmisch-irdischer Neubeginn. Der Erzvater war ein Ausdruck des neuen Schrittes der Sternenmächte.

Ein zweites Ereignis führt noch konkreter in die Zusammenhänge der Sterne mit der Erde hinein. Auf Geheiß Jahves sollte Abraham seinen einzigen Sohn Isaak opfern. Zusammen mit dem Neubeginn sollte das Bild der zukünftigen Sohnesopferung dem Wesen der entstehenden 12 Stämme als Vorbereitung auf das Gottessohnopfer der Zeitenwende eingeprägt werden. Nachdem alle Vorbereitungen zur Opferhandlung getroffen waren, ruft der Engel Jahves das Opfer zurück. Mit Abrahams Bereitschaft zur Opferung war Genüge getan. Es heißt dann: Als Abraham aufschaute, sah er einen Widder hinter sich mit den Hörnern in den Büschen verfangen. Diesen nahm Abraham zur Opferung anstelle seines Sohnes (Genesis 22,13). Das Ungewöhnliche an diesem Ereignis muß jedem zu denken geben; die Frage taucht auf, inwieweit in der äußeren Wirklichkeit ein Widder in dieser Art sich verfängt. Zugleich wird der unvermittelte Übergang von der beabsichtigten Opferung des Sohnes zur Opferung eines zufällig in der Nähe befindlichen Tieres unverständlich bleiben. Erst die hier erscheinende, kosmisch bezogene Wesensbedeutung des Widders löst diese Rätsel.

In der äußeren Welt der Natur ist alles möglich, die volle Beantwortung der ersten Frage ist darum nicht entscheidend. Was dagegen zur Erscheinung kommt, wenn nach der inneren Folgerichtigkeit der Ereignisse und dem Kosmisch-Göttlichen gefragt wird, führt zum Wesenhaften dessen, was dem Erzvater widerfährt. Indem der Widder in dieser Art anwesend ist, und Abraham auch sofort diese Opferung vornimmt, wird deutlich, daß er durch die vorhergehende Opferbereitschaft nunmehr in die Lage versetzt wird, das neue Wirken der Widdersonne im Erdenbereich zu erkennen, um darüber hinaus zu sehen, wie dieses Wirken eine weitere Aufforderung zum Opfer darstellt. – Es ist das Schicksal des Menschen,

Abraham - Zeit
~ 1900 v. Chr.
21.12. - 24 Uhr

das Wesen des Opfers in seiner irdischen Erscheinung erkennend anzunehmen, zu vervollständigen und zu vollziehen. Als ein Menschheitsführer wurde Abraham ausersehen, in unmittelbarer Übereinstimmung mit dem Sonnenschritt im Tierkreis, diesen Schritt in seinen irdischen Wirkungen aufzunehmen und gleichzeitig durch die Opferhandlung etwas an die Himmelswelt wieder zurückzugeben.

Die letzte Steigerung der Wirklichkeit des Opferprozesses – in der Abraham-Opferung veranlagt – ist die vom Menschen vollzogene Annahme eines sich opfernden Gotteswesens und das Bewußtsein, daß in fortgesetzten Opferhandlungen dieses Wesen sich durch und mit dem Menschen wieder mit seiner Ursprungswelt vereinigt. Geht dagegen der Opfergedanke unter den Menschen verloren, reißt die wahre Verbindung mit der göttlichen Welt ab.

Der Sternenhimmel, den Abraham über und um sich hatte, läßt sich jetzt als Urbild innerhalb der bereits beschriebenen Jahresmitternachtskonfiguration erfassen. Sie ist innerhalb des Menschheitslebens für den wesentlichen Fortschritt maßgebend und kann nun in ihrer gesamten Kräftestruktur angeschaut werden.

Widder – Waage und die Sternenkräfte

Bei vertiefter Betrachtung des vollständigen Tierkreises wird deutlich, daß dieser in der vorliegenden abendländischen Gestalt niemals das Produkt einer willkürlichen Phantasie sein kann. In der Tierkreisgestalt enthüllt sich zum Beispiel urbildhaft das Gesetz von Polarität und Steigerung durch die besondere Struktur der Tierkreiskräfte. Wie bereits beschrieben, bewegen sich die Sterne als Folge der Präzession gegenläufig zur Weltenjahresbewegung der Sonne: Sie bewegen sich von Westen auf die Mitternachtsschwelle zu. Damit gehen die Sterne auch in der Weltenjahresbewegung langsam am Westhorizont auf. Würde ein Beobachter immer wieder im Verlaufe von Jahrhunderten die Sternbilder am westlichen Abendhimmel zu einem bestimmten Zeitpunkt wahrnehmen, sähe er, wie fortgesetzt neue Sterne von unterhalb des Horizontes in die Sichtbarkeit nach oben aufgehen. Der in dieser Art während der Abrahamzeit zur Jahresmitternacht im Westen aufsteigende Widder ist nun zugleich das Frühlingssternbild der Sonne; denn dies benötigt bei ihrer Jahreslaufbewegung drei Monate, um sich von ihrer Mitternachtsstellung – unten, zwischen Steinbock und Wassermann – zur Grenze zwischen Widder und Stier zu bewegen. – Dem Widder gegenüber steht die Waage. In der Gegensätzlichkeit der beiden Bilder offenbart sich das Wirken von Weltenkräften, die einen besonderen Anteil an der Erschaffung und Erhaltung der Welt haben. Der Erdenplanet ist der konzentrierte Mittelpunkt dieser beiden Kräfte, wo sie zu einer höheren Synthese und damit zur Steigerung sich begegnen.

Die äußere Erscheinung des Widders als Tier zeigt wesentliche Kräfte, konzentriert in der Kopfregion. Die eindrucksvollen, mannigfaltig-geformten Hörner krönen diesen Bereich. Im Kampf setzen die Widder ausschließlich diese Haupteskräfte ein: Die Häupter mit den Hörnern prallen gegenseitig so lange aufeinander, bis einer der Widder aufgibt oder verendet umfällt. Alle Kraft ist nach vorwärts gerichtet, eine andere Kräfterichtung wird nicht sichtbar. Der Lebensbildungsprozeß bringt die Hörner hervor. Sie sind der Ausdruck einer Lebenskraft, die bis in den Mineralbereich vordringt und ihn in wunderbaren Gestaltungen ausformt. Dieser Vorgang ist ein Bild der stärksten Lebenskräfte, die es zustande bringen, das Leben auf der Erde bis in die Überwindung und Gestaltung der toten Materie zu formen. Ein ähnliches, bekanntes Bild zeigt sich in jedem Frühling, wenn immer wieder unerwartet Pflanzentriebe es vermögen, Asphalt und Beton aufzubrechen. Die Willensdynamik des Widders kennt nur eine Richtung: die Überwindung und Gestaltung physischen Widerstandes.

Den anderen Pol zeigt die Waage. Als einziger Bereich des Tierkreises ist in ihm weder ein Tier- noch Menschenbild zu finden. Die Waage als ein irdisches Gerät erscheint zunächst nicht als eine Kraft, sondern nur als Möglichkeit, verschiedenartige Stoffe gegeneinander abzuwägen, um dadurch einen Ausgleich zu finden und so ein feststellbares Gleichgewicht herzustellen. Die irdische Waage ist ein erstorben-mechanisches Abbild eines lebendigen Weltprozesses, der noch überall in der Natur und im Kosmos zu erfahren ist. Die zusammenklingende Einheit einer harmonischen Erdennatur und die zusammenwirkenden, ausgleichenden Kräfte, die der Erde vom Kosmos zukommen, wie Licht und Finsternis, Wärme und Kälte, sind ein Ausdruck der im Makrokosmos waltenden Waageprozesse. Diese haben auch im Schöpfungsvorgang die denkbar größte Gegensätzlichkeit von Widder- und Waagekräften hervorgebracht und auch ihren höheren Ausgleich herbeigeführt. Während die Widderkräfte ein Urbild der nach außen gerichteten Aktivität veranschaulichen, zeigen die Waagekräfte das Gegenteil: ein Urbild der nach innen gerichteten Passivität. Passivität ist aber hier die notwendige polare Voraussetzung, die zur Aufnahmefähigkeit und dann zur Aufnahmetätigkeit für alle im Umkreis befindlichen Kräfte führt. Das Aufgenommene in all seinen Gegensätzen kann dann zu einer neuen, harmonischen Gestaltung gebracht werden. Das Bild der Weltenwaage – in früheren Zeiten erblickt in der Hand des Erzengels Michael – ist der Ausdruck für die Anwesenheit aller polar wirksamen Weltenkräfte und ihrer fortgesetzten Harmonisierung. Im Gegenüber zum überwiegenden Zukunftswillen des Widders sind die Waagekräfte so auf die Vergangenheit ausgerichtet, daß sie Impulse entwickeln, die den vergangenen Kosmos in einen zukünftigen organisch-harmonisch hinüberführen.

Schließlich wurde das Bild der Waage zu einem der bedeutendsten Symbole der Menschheit: ein Ausdruck der Gerechtigkeit. Nach dieser strebt die Menschheit unaufhörlich; ihre vollständige Erfüllung kann die Gerechtigkeit auch nur in dem Wirken e i n e r Gegensätzlichkeit und deren höherer Erfahrung erlangen: in der Polarität von geistiger und physischer Welt.

Wenn die Wirklichkeit einer geistigen Welt erfahren wird, kann das Erlebnis einer abschließenden Gerechtigkeit eintreten. Dieser Ausgleich ist das dienende Wirken von kosmischen Waagekräften. Insbesondere bei ihnen enthüllt sich, daß die Tierkreiskräfte die Offenbarung erhabener cherubimischer Wesen darstellen. Die Cherubim werden auch die Geister des Zusammenklanges der Empfindungen genannt und sind damit die eigentlichen Wesen der alles durchdringenden Harmonie. So befanden sich im Allerheiligsten des jüdischen Tempels in Jerusalem die beiden sich gegenüberstehenden, vergoldeten Cherubim. Sie waren ein Abbild der göttlichen, Recht-schaffenden Kraft Jahves, die sich vor allem durch die höhere Einheit der Wesenspolaritäten von Widder und Waage auslebt.

Der Mensch der Gegenwart erlebt nicht mehr die Wesensdynamik der Sternenbewegungen. Aufgang, Kulmination und Untergang unterscheiden sich nicht mehr im jetzigen Menschenbewußtsein. Denn es werden die Sterne nur als astrophysikalisch-materielle Gebilde vorgestellt. Doch am Sonnengang erlebt der Gegenwartsmensch noch einen Rest dessen, was Menschen früher als wesenhafte Kräftedynamik der Sterne erlebt haben. – Der Sonnenaufgang veranlaßt oder begleitet das Aufwachen und die Bewußtseinsbildung. Die Mittagskulmination sollte etwas hervorbringen, wie das Ergebnis oder die Frucht intensiven Erwachens und Arbeitens in der ersten Tageshälfte. Der Sonnenuntergang versetzt den Menschen in eine Traumwelt und schließlich in den Schlaf. – Der Aufwachvorgang zieht mit der Morgensonne hinauf in den oberen Menschen. Der vor allem im Haupte konzentrierte Sinnesorganismus wird ergriffen und mit Wachheit durchdrungen. Mit aufsteigender Sonne steigen die Tageskräfte auch im Menschen in die Höhe. – Die kulminierende Mittagsstunde sollte die Menschenseele in Bildern über sich selbst hinausführen in einen leibfreien Zustand hinein, der das Eigentlich-Menschengemäße ist. Dieses Sonnenverwandte Bewußtsein entsteht aber nur schwer, weil der Mensch noch nicht imstande ist, Aufstieg und Kulmination der Sonnenkräfte voll mitzumachen; er wird von ihnen innerlich überwältigt. So entsteht eher die Krise dieser Stunde als die Blüte. – Der Abstieg der Sonne in der zweiten Tageshälfte wird auch mit einem Abstieg der Kräfte im Menschen begleitet. Er führt in den mittleren Menschen und in die Gliedmaßen hinein. Zur Wachheit und Kraft des Vormittags gesellt sich am Nachmittag der Impuls, anderen Menschen das mitzuteilen, was erarbeitet worden ist, und es mit ihnen zu teilen. Der Mensch wird handelnd sozial. – Das naive Erleben früherer Menschen, die Sonne ins Meer oder in die Erde selber einziehen zu sehen, und sich vorzustellen, daß das Sonnenwesen sich mit diesen Elementen verbindet, hatte auch etwas Richtiges an sich. Denn an der Parallelerscheinung im Menschen kann erkannt werden, wie die sonnenhaften Tageseindrücke und Ereignisse weiter in den Menschen einziehen, des Nachts verarbeitet werden und sich tiefer mit dem Menschen verbinden. Daher bedarf jeder Lernvorgang des Schlafes; erst durch ihn verbindet sich das Erlernte mit dem tieferen, irdischen Menschen. – Sonnenaufgang bedeutet für den Menschen: Ergreifung des oberen Menschen, Gedankenbildung und Bewußtseinsentstehung. Sonnenkulmination: das selten eintretende leibfreie Bewußtsein als blütenhaftes Ereignis und als eigentliche Erhöhung des Menschen. Sonnenuntergang: die weitere Verleiblichung des Menschen durch Aufnahme und Verarbeitung der Umwelt im Schlaf. Das gleiche gilt nun für das Verhältnis der Sternenbewegungen zum Menschen.

Zur Zeit Abrahams steigt der Widder zur Jahresmitternacht in der W e l t e n j a h r b e w e g u n g im Westen auf. Die Sonne war durch ihr Voranschreiten im Frühling in dieses Sternbild eingetreten. Das Erscheinen der Sonne in einem neuen Sternbild zu Frühlingsbeginn war darum von so großer Wichtigkeit für die Menschen früherer Zeiten, weil sie unmittelbar wahrnahmen, wie der Frühlingsstand der Sonne alles Leben auf der Erde mit bestimmten Sternenkräftequalitäten durchdrang und innerlich formte. Im Hinblick auf Abraham und seine Zeit bedeutet dies, daß die Widderkräfte im Menschen auch im Aufsteigen waren. Ihnen gegenüber wirkten die Waagekräfte, indem ihr Bild sich im Osten im Niedersteigen befand, lebten sich die ordnenden und harmonisierenden Kräfte der Waage in den ganzen Menschen ein. Das Begegnen dieser beiden Weltenkräfte im Menschen führt zu einer besonderen Fähigkeit. Die Überlieferungen, daß der Menschenleib eine mikrokosmische Gestaltung der makrokosmischen Sternenkräfte ist, weist darauf hin, daß das Menschenhaupt der Ausdruck der Widderkräfte ist. Indem nun diese Kräfte zur Abrahamszeit aufstiegen, ergriffen sie mit einem besonderen Impuls die Hauptesfähigkeiten des Menschen. Die Sternkräfte fanden sich gewissermaßen selber wieder im Menschenkopf und konnten durch diese Wiedervereinigung ihre stärksten Kräfte entfalten. Dadurch vollzog sich in der Abrahamgestalt ein entscheidendes Ereignis: der Beginn des irdischen Denkens. Denn der Kopf des Menschen mit seinen Sinnesorganen ist vor allem auf die äußere irdische Welt gerichtet.

Die im Osten niedersteigenden Waagekräfte führten zu den verschiedenartigen, zum Denken benötigten harmonischen Seelen- und Leibeskräften. Denn das eigentliche Denken geht aus dem ganzen inkarnierten Menschen hervor. Das zeigt sich an seinen leibgebundenen Seelenkräften. Ist der Mensch überwiegend ein Wollender, kann er in Taten vieles erreichen. Hierbei entsteht aber ein einseitiges, nur auf die äußere Tatwelt gerichtetes Denken. Ist das Empfindungs- und Gefühlsleben stark überwiegend, werden die Gedanken vielseitig, aber verworren sein. Entstehen die Gedanken nur im Kopf selber, werden sie logisch und genau sein, aber der vollen Wirklichkeit entbehren. Nur das harmonische Zusammengehen von Wollen, Fühlen und Denken aus der seelisch-physischen Konstitution heraus bildet die Grundlage für das eigentliche menschengemäße Denken; dieses kann sich über die Leibesgrundlage und ihre Gebundenheit erheben. Die hierzu nötigen Harmonisierungsfähigkeiten der einzelnen Seelenkräfte können im Waagebereich gefunden werden. Ihr Niedersteigen in der Abrahamzeit schuf die Leib-Seelen-Harmonie für das intensive Gedankenwirken der Widderkräfte im Bereich des Hauptes. Dadurch konnte der Beginn eines konkreten, irdischen Denkens in der Menschheit geboren werden. Etwa sieben Jahrhunderte später hatte Moses dieses irdische Kopfdenken so weit entwickelt, daß der Bildhauer Michelangelo in der Zeit der europäischen Renaissance den israelitischen Gesetzesgeber charakterisierend mit Ansätzen von Hörnern auf seinem Haupte darstellt.

Die Sternenpolarität Widder – Waage vertieft sich und erhält weitere Dimensionen, wenn die ihnen zugehörigen Planetenwesen hinzuerfaßt werden. Die Zugehörigkeiten entstammen den astrologischen Überlieferungen und erweisen sich bei näherer Betrachtung als den einzelnen Sternenwesen gemäß. Die willenshaften und oft kriegerischen Marskräfte finden ihre geistige Heimat im Bereich des Widders. Entsprechend ist der Planet Venus mit der Waage verbunden; ihre Kräfte gestalten harmonische Schönheit. Da die Wesen dieser beiden Planeten zugleich mit dem Charakter des männlichen und weiblichen Menschen identifiziert werden, stehen sich auch die polaren Menschenkräfte in der Konstellation Widder – Waage gegenüber.

Israel und der Sternenhimmel

Das weitere Leben des israelitischen Volkes zeigt, daß die polaren Kräfte des Menschen im Erdenschicksal nicht unmittelbar harmonisch zusammengehen. Der Prozeß von Polarität und Steigerung ist im Erden- und Menschenbereich oft ein leidensvoller und nicht selten mit tragischen Einschlägen verbunden. Mit scheinbarem Recht wird die Frage gestellt, inweweit die israelitisch-jüdische Geschichte des Alten Testamentes eine Vorbereitung für die Botschaft der gnadenvollen Liebe im Neuen Testament sein kann. Denn das Alte Testament scheint überwiegend von Auseinandersetzungen, Kriegen und Brutalität, selbst in Verbindung mit den großen Führergestalten, erfüllt zu sein. Der Blick auf die Sternenkräfte und die Mission des jüdischen Volkes löst dieses Rätsel.

Das „gelobte Land" der Israeliten war ein neues Menschheitsziel. Während in allen umliegenden Kulturen die Menschen noch mit den direkt wirkenden Sternenkräften – als stellvertretendes Urbeispiel: der Bereich von Babylonien – verbunden blieben und dadurch nicht zu eigentlichen Erdenbürgern wurden, sollten dagegen die Israeliten in der Eroberung der Erde vorangehen. Jedoch nicht in der äußeren Eroberung allein, das war schon weitgehend in den Hochkulturen des Vorderen Orients und in Ägypten geschehen. Das neue Ziel war eine innere Eroberung, womit eine Verwandlung der Menschen einherging. Zu diesem Zweck mußte die Wüstenwanderung durch 40 Jahre durchgetragen werden. Das kosmisch orientierte Denken der umliegenden Kulturen war nicht geeignet, das innere Wesen der Erde wahrzunehmen. Das Denken mußte eine neue Wirklichkeit erfassen. Das begann mit Abraham. Dabei konzentrierte sich die geistige Führung der Israeliten immer mehr darauf, das irdische Wirken der Schicksalsgesetze kennenzulernen. „Aug' um Auge, Zahn um Zahn" ist zwar eine verzerrte und zusammengeschrumpfte Fassung dieser Gesetze, deutet aber noch das Wesentliche an. Während bei den umliegenden Völkern der Schicksalsausgleich im Menschenleben nur unter Einbeziehung des nachtodlichen Lebens gesehen wurde – extrem etwa in Ägypten –, konzentrierte sich die abrahamitische Strömung immer mehr auf das Erfassen von Ursache und Wirkung im abgeschlossenen Leben des Volkes. Der Mensch sollte erfahren, daß schon im irdischen Leben ein wirkender Ausgleich für jede Tat sich ereignen kann. Der Gleichgewichtscharakter der Waagekräfte erschien daher immer mehr als die Forderung nach dem gerechten Ausgleich für alles Menschenwirken schon auf der Erde. In einer großartigen Kulmination der Waagekräfte führte dies zu den Zielen der mosaischen Gesetze, die alles Erdenleben der Menschen in diesem Sinne regeln sollten. Das oft rätselhaft dunkle und willenshaft fordernde Wirken Jahves erhellt sich in diesem Lichte.

Zur gleichen Zeit als das neue Wirken von Widder und Waage einsetzte, begann das Sternbild des Krebses in den Zenitbereich des Tierkreises einzutreten. Der Krebs ist das Bild einer Wende. Das Zeichen dieses Bildes zeigt die einwickelnde Spirale, den Zwischenraum und die auswickelnde Spirale. Eine alte Weisheit konnte das Wesen der Krebskräfte in diesem Bildsymbol zum Ausdruck bringen. Das sind die Kräfte von Involution, Wende und Evolution; die Reihenfolge kann auch umgekehrt verlaufen. Der Blick in den Kosmos zeigt dem Menschen überall die Sternenspiralen; eines dieser Gebilde ist unser eigenes spiraliges Sternensystem, das wir jedoch selbst nicht sehen können. Sie sind alle ein Ausdruck der Entwicklungsprozesse des Weltenalls. Nun wird selbstverständlich jeder große Schritt des Tierkreises im Verlaufe der Präzession eine Wende darstellen. Die Abrahamzeit bedeutete aber eine besondere Wende, indem – wie schon angedeutet – in dieser Zeit die wesenhaft kosmisch-irdische Vorbereitung für das spätere Ereignis der eigentlichen Zeitwende getroffen wurde. Die vorbereitende Wende zeichnete sich auch dadurch aus, daß alle Hochkulturen in Ost und West verlassen wurden und eine kleine Menschengruppe sich zu einem Neubeginn aufmacht. – Blickt man auf den Krebs als Tier, zeigt sich, wie es sich im Bereich der waagrechten Kräfte unbestimmt tastend bewegt. Im Menschenleben ist der Bereich des Waagrechten die Umwelt; alle Umbrüche, die zu größeren Wenden führen, werden sich zunächst in diesem Bereich als Veränderungen anzeigen. Die neuen Gestaltungen müssen dann auch hier entstehen. Sie können an ihren unbestimmt-tastenden und suchenden Vorgängen erkannt werden, Und die Wende selber geht so im verborgenen vor sich, wie das Krebstier in seiner Schale sich unsichtbar verbergen kann.

Die weiteren Auswirkungen dieser Sternenwendekraft zeigt die spätere Entwicklung in Israel. Nach etwa 1000 Jahren erreichen die Sterne zur Jahresmitternachtsstellung der Winterwende ihren Höhepunkt; sie kulminieren als ganze Konfiguration. Im Laufe dieser Zeit hatte sich das Denken so entwickelt, daß es als abgeschlossene Weisheit Salomos erschien. Es wurde retrospektiv und drohte damit völlig veräußerlicht zu werden. Die Religion Israels, zusammen mit der Mission dieses Volkes, war im Untergehen. Durch übermenschliche Taten konnte der Prophet Elias eine neue, entscheidende Wende herbeiführen. Er wurde zum Retter der noch nicht abgeschlossenen Aufgabe Israels. Als Elias dann zur Zeitenwende in der Gestalt Johannes des Täufers erschien, konnte man sein

Wesen nur als hervorgegangen aus den kosmischen Wendekräften des Sternbildes Krebs verstehen. Denn er erwies sich wieder als der Herbeiführer einer Wende. Durch den Geburtstag des Johannes am 24. Juni wurde die Jahreszeit des Krebses zugleich die Zeit des Täufers. So wirken die Krebssternenkräfte durch die fast 2000jährige vorchristliche Geschichte hindurch, um schließlich die entscheidende Vorbereitung zur Weltenwende des Christentums herbeizuführen.

Polar zu den oben stehenden Kräften des Krebses in der Abrahamzeit wirkten aus den Tiefen die Kräfte des Steinbocks. Wie das Tier selber, suchen diese Kräfte in den Vertikalbewegungen die Geisteshöhen und Erdentiefen. Sie entfalten sich in der vom organischen Leben entblößten Verlassenheit des Mineralreiches. Mit einer noch eindrucksvolleren Sicherheit als beim Aufstieg, vermag der Steinbock auch den Abstieg zu bewältigen. Der kleinste, fast unsichtbare Vorsprung an einer Felswand dient seinem Huf hierbei als Aufsatz für den Bruchteil einer Sekunde. Die Gesetze der Schwerkraft und Bewegungsmechanik würden einen längeren Aufenthalt nicht zulassen. Die vielen notwendigen Schrittpositionen überschaut der Steinbock alle im voraus. – Die Höhen umfassenden Sternenkräfte des Steinbocks konnten sich bei den Israeliten nur schwer durchsetzen. Die Menschen waren bereits deutlich auf dem Weg zur Erde. Hierfür ist die Wüstenwanderung ein Ausdruck. Der Aufblick zu den Höhen war verschleiert. Dieser und der nachfolgende geistige Aufstieg sollte erst für einige wenige Menschen zur späteren Zeitenwende erfolgen. Erst zu diesem Zeitpunkt würden sich die Steinbockkräfte in der Wiederherstellung der Verbindung mit dem in kosmischen Höhen waltenden Gotte voll entfalten. Trotzdem gab es Augenblicke in der israelitischen Geschichte, wo das Steinbockwesen voll in Erscheinung trat; etwa als Moses seine Gesetzesoffenbarung auf den Höhen des Felsens Moria erhielt. Doch war dann auch zugleich deutlich, daß das unten verbliebene Volk das lange Verweilen ihres Führers auf dem Berge nicht ertrug. Die Aufstiegskräfte des Steinbocks konnten noch nicht mitvollzogen werden.

Der Planet Saturn findet im Steinbock seinen eigenen Bereich. Der frühere Todesaspekt dieses Planeten fügt sich in das Bild der mineralischen Umgebung des Steinbocks und der kühlen Höhenluft der Gebirgsgipfel ein. In ergänzender Polarität hierzu gehört der Mond in den Wirkensbereich des Krebses. Das innere Wesen des Mondes enthält verborgene Lebens-

Elias-Zeit
~ 900 v.Chr
21.12. - 24 Uhr

kräftequellen, die auch mit dem Leben auf der Erde verbunden sind. Die Begegnung der Saturn-Todeskräfte mit den Mond-Lebenskräften erzeugt ein höheres Leben. Das kann zu einer tiefer gehenden Veränderung des Fortpflanzungsbereiches mit einer Wende innerhalb der Krebskräfte führen. So bringen auch die Planetenkräfte des Tierkreises das Gesetz von Polarität und Steigerung zum Ausdruck.

Ägypten, Vorderer Orient und Griechenland

Zu Beginn des neuen Sternenzeitalters wird in Ägypten eine „Nachtuhr" entwickelt (etwa 2100); diese zeigt den Aufgang vieler südlich der Ekliptik liegenden Gestirne an. Später wurde diese Konstruktion mit den Angaben von Kulmination und Untergang derselben Sterne erweitert. Dieses Interesse der Ägypter für die nächtliche Bewegungsdynamik der Fixsterne weist auf ihre besondere Verbundenheit mit dieser Sternensphäre. Es zeigt sich dann auch, daß im Verlaufe des folgenden Jahrtausends eine umfassende Tierkreisastrologie aus ägyptischer Sicht entwickelt wurde. – Im Zweistromland bilden sich im weiteren Geschichtsverlauf eine Fülle verschiedener Staaten. Zunächst errichtet König Hammurabi um 1700 sein neues babylonisches Reich durch die Besiegung und Eroberung rivalisierender Staaten in der Nachfolge der untergegangenen Dynastie von Ur in Chaldäa. Das mächtige Gesetzeswerk, das Hammurabi zusammentragen läßt, bildet die krönende Zusammenfassung der bis dahin verstreut vorhandenen Gesetze. Diese Sammlung wurde der wichtigste Rechtskodex des Vorderen Orients. Auch dieser „Rechtsimpuls" entsteht, als die Sternen-Waagekräfte sich immer weiter in den Erdenbereich, zusammen mit dem langsamen Niederstieg des Waagebildes im Osten als Folge der Präzession, einleben.

In der Zeit um 1500 vor der Zeitenwende entstehen die 70 Keilschrifttafeln des astronomisch-astrologischen Kompendiums „ENUMA ANU ENLIL" in Babylonien. Nur Bruchstücke einer Kopie sind uns aus der zerstörten Bibliothek des Assurbanipal (um 650) erhalten. Spätestens um die Zeit der Entstehung dieser Tafeln werden auch genaue Sternbeobachtungen vorgenommen. Ab dem Jahre 1000 erreicht die babylonische Sternkunde einen hochentwickelten Stand. Es werden arithmetische Bestimmungen von Planetenorten unter astrologischen Aspekten vorgenommen. Die Blütezeit dieser Entwicklung wird im 5. Jahrhundert erreicht, wo bereits der genau zwölffach eingeteilte Tierkreis den Berechnungen zugrunde liegt. Es waren aber vor allem die Wandelsterne, auf die sich die babylonische Astrologie konzentrierte. Die Vorhersagen der auffallenden Finsternisse der Planeten – hierzu gehörte auch die Sonne – war Angelegenheit der sternkundigen Priesterweisen. So etablierte sich eine Gestirnsreligion, in der die Wandelsterne als lebende Gottheiten angeschaut wurden. Mit der Planetenweisheit entstand auch die Einsicht in das persönliche Horoskop. – Im Jahr 1987 ging eine Meldung durch die Presse, wonach das bisher älteste babylonische Horoskop gefunden wurde. Es entstammt der Zeit kurz vor 400. Der Planetenastrologie der Babylonier stand eine Tierkreisastrologie der Ägypter gegenüber. – Als das Griechentum das Kulturgut dieser beiden Bereiche übernahm, wurden die beiden astrologischen Weltsichten zusammengefügt. Nach einigen Vorläufern im 2. Jahrhundert vor Christus (Nechepso und Petosiris) geschah dies abschließend durch Ptolomäus in Alexandria (etwa 100 bis 160 nach Christus) durch sein Werk „Tetrabyblos", das „Viererbuch". Der Einfluß seiner Darstellungen reichte bis weit in das europäische Mittelalter.

Ein markanter Punkt in dieser Entwicklung wird durch Ptolomäus selber aufgezeigt. Er weist darauf hin, wie im Jahre 747 die ersten systematischen Beobachtungen der babylonischen Astronomen stattfinden. Das ist zugleich das erste Regierungsjahr des Königs Nabonassar und das Jahr der Begründung Roms. Rudolf Steiner hat diesen Zeitpunkt als den Beginn des Widder-Kulturzeitalters für die Menschheit angegeben. Es ist deutlich, wie in diesem 8. Jahrhundert ein verstandesmäßiges Ergreifen der Sternen- und Erdenerscheinungen eintritt. Abraham, die Entwicklung Israels und einige andere geschichtliche Erscheinungen in den Hochkulturen waren Vorläufer gegenüber dem menschheitlichen Beginn dieser Kulturperiode. Das Geistesleben Griechenlands mit den Denkbemühungen der sogenannten Vorsokratiker zeigt, wie nun überall der denkende Mensch versucht, sich auf Grund seiner irdischen Wahrnehmungen ein neues Bild der Natur und damit der Welt zu machen. Das astronomische Widderzeitalter verläuft etwa von 1900 bis 100 vor Christus, das sind

1 800 Jahre. Diesen Zeitraum braucht die Sonne, um durch das ursprüngliche B i l d des Widders hindurchzuwandern, nicht durch den entsprechenden Abschnitt von 30 Grad. Die Mitte dieser Zeit und die aus ihr hervorgehende volle Entfaltung der Widderkräfte im Sternenlauf selber liegt um das Jahr 900. Es ist die erwähnte Elias-Zeit der inneren Erneuerung Israels. In Elias wurde dieser Denkimpuls der Widderkräfte völlig verinnerlicht. An dem geistdramatischen Schicksal des Elias enthüllt sich die unmittelbare Übereinstimmung des Lebenslaufes höchster Führerindividualitäten mit dem eigentlichen Sternenlauf. – Die Zahl 747 als allgemeiner Beginn des Kulturzeitraumes der Widderkräfte erscheint zunächst als Ergebnis einer Verzögerung. Sie hängt mit der beschriebenen Irdischwerdung des Denkens bei diesem Teil der Menschheit an der Schwelle zum Abendland zusammen. Auf diese Verzögerung wird im folgenden noch eingegangen werden.

Astrologischer Tierkreis und astrologisches Zeitalter

Es stellt sich eine entscheidende Frage in diesem Zusammenhang: Wie konnte sich ein ursprünglich lebendiges Erleben des Tierkreises mit jeweils ganz verschiedenen Größen der einzelnen Bilder in regelmäßige, schematisch aufgeteilte Felder von jeweils 30 Grad verwandeln und dabei zugleich immer noch eine geistige Wirklichkeit offenbaren? Solange sich das Vorstellen der Menschen an den Ursprungsbildern des Mythos oder am Anblick handelnder Göttergestalten orientierte, war der innere Mensch überwiegend ein übersinnliches Wesen, dessen Schicksal aus ganz anderen Zusammenhängen geleitet wurde als denen der irdischen Welt. Die Gesetze, nach denen die Geburten in frühester Zeit stattfanden, sind schwer zu durchschauen. Sie stellten auf jeden Fall den Menschen nicht in eine Gleichberechtigung hinein. Das zeigen die streng voneinander getrennten Kasten Altindiens und auch die frühen Verhältnisse im Vorderen Orient und in Ägypten mit den krassen Standesunterschieden. Bei näherem Zusehen wird man aber erkennen, daß die Menschen diese Unterschiede als von den Göttern gegeben oder von einem höheren Schicksal auferlegt ansahen. In der Weltenführung herrschte keine Demokratie.

Als der Mensch ab dem 8. Jahrhundert immer eindeutiger seine Wahrnehmungen von den Erdenerscheinungen her holte und sein Denken sich dementsprechend verirdischte, wirkte diese Tätigkeit auf den ganzen Menschen zurück. Was im Menschen erwachte, war das V e r s t a n d e s d e n k e n . Diese Denkart richtet den Blick auf die Einzelheiten, es analysiert, schematisiert und vergleicht. Das Verstandesdenken versucht alles gleichmachend auf einen Nenner zu bringen. So kann man in der Gegenwart die Fortsetzung dieser Denkart im intellektuellen Denken sehen. Ihm erscheint als höchstes Ziel, die Weltauffassung durch eine mathematische Formel zu erlangen. Damit ist alles auf einen gleichen Nenner gebracht. – Das im 8. Jahrhundert beginnende Denken veränderte in einem tieferen Sinne die Menschen so, daß sie sich einander anglichen. Die ursprünglichen, im Himmel und auf der Erde veranlagten Unterschiede begannen zu verschwinden. Ein neues, ausgleichendes, aber auch gleichmachendes Element machte sich geltend. In Griechenland erschien es als Demokratie.

Viele führende Individualitäten Griechenlands sahen mit großem Mißtrauen auf das Heraufkommen demokratischer Bestrebungen. So etwa der aus einem Priestergeschlecht stammende große Philosoph Heraklit von Ephesus (um 500 v. Chr.). Aus einem alten Welterleben heraus war es unvorstellbar, daß jedem Menschen die gleiche Möglichkeit gegeben werde, sich an allen Entscheidungen einer Gemeinschaft zu beteiligen. Aus dieser Haltung heraus konnte nicht gesehen werden, wie das irdische Verstandesdenken Freiheitsmöglichkeiten eröffnete. Dagegen war im 5. Jahrhundert Sokrates einer der ersten, der diese neue Gleichberechtigung im Denken voll ergriff und in anderen Menschen erweckte. Im Durchgang durch das Stadium der Demokratie muß zunächst eine Art Gleichmachung der beteiligten Menschen herbeigeführt werden. Das birgt sowohl die Möglichkeit der Freiheit als auch die der unterschiedslosen Gleichmachung in sich.

Was aber so auf den Menschen einwirkt, dringt auch in die geistige Welt hinein. In jeden Menschen ragen die Wesenheiten der Tierkreiskräfte hinein. Die Widderkraft im Menschen ist nicht der Mensch selber; sie ist eine

Art seelische Lebenshülle. Damit sind diese Kräftewesen auch dem Menschenschicksal ausgesetzt. Die gleichmachenden Wirkungen des Verstandesdenkens überführen sich auch auf diese Sternenwesen; sie teilen im Hüllenbereich das Menschenschicksal. In dieser Zeit nahm der Einfluß des Menschen auf die geistige Welt immer mehr zu. Das alte dualistische Weltbild von einer jenseitigen, vom Menschen unberührten und unbeeinflußten Weltenführung und den diesseitigen, auf der Erde geführten Menschen begann sich grundlegend zu verändern. Der Mensch war auf dem Wege zur Freiheit. Darin lag die unüberschaubare Größe der aufkommenden Demokratie. Erfüllen konnte sich diese erst durch die Enthüllung des eigentlichen Menschenwesens in dem Christus-Ereignis der Zeitenwende. Dieses Ereignis wurde jedoch in jedem einzelnen Menschen in der Befreiung von alten Führungsbanden und in der beginnenden Verständnisaufnahme für das Erdenschicksal vorbereitet.

In dieser Art kann man sich vergegenwärtigen, wie das Aufkommen der Gleichteilung des Tierkreises im Grunde kein äußerlicher, konstruierter Vorgang war, sondern ein Entwicklungsergebnis, das aus der Notwendigkeit der Irdischwerdung des Menschen hervorgeht. Daß schon im 4. Jahrhundert vor Christus das Wesentliche des menschlichen Erdenschicksals in einem Schema in Stein geritzt oder auf Papyrus dargestellt und im voraus erkannt werden konnte, war eine großartige und zugleich erschütternde Tatsache. Noch der Philosoph Heraklit hatte gesagt: „Der Seele Grenzen kannst du nicht entdecken gehn, auch wenn du jeden denkbaren Weg begehst: so unerschöpflich ist, was sie zu erklären hat." Dieser große Denker zieht hierbei nicht in Erwägung, wie der Mensch zunächst im Irdischwerden auf die Unbegrenztheit seiner Seele verzichten würde, um ein Neues zu erreichen. Die Grenzen der menschlichen Seele waren im Horoskop weitgehend festgelegt. Damit war zugleich die beginnende irdische Überschaubarkeit des Menschenwesens eingeleitet.

Die erfolgte räumlich gleiche Aufteilung des Tierkreises als Ergebnis von Sternenlauf und Erdenwirkungen während des ersten Jahrtausends war zugleich die Geburt der S t e r n z e i c h e n . Von außen gesehen bedeutet sie die Vergrößerung oder Verkleinerung der ursprünglich ungleichen Sternbilder auf jeweils genau ein Zwölftel des Tierkreises, also 30 Grad. Dieses Ereignis führte auch zu einem neuen Sternenrhythmus. Es ist der Zeitraum von 2160 Jahren für den Durchgang der Sonne durch ein Sternzeichen. Diese Zahl kann als ein astrologischer Rhythmus angesehen werden, denn er ist ein Ergebnis astronomisch-astrologischer Sternkunde. Als solcher erscheint er nicht am sichtbaren Himmel, dafür aber rhythmisch wesenhaft im Erd- und Menschenbereich. Da dieser „Zeichenrhythmus" in der astronomischen Widderzeit entsteht, kann er auch schon auf diese angewendet werden. Während dieses Zeitraumes verwandelt sich weitgehend für die irdischen Verhältnisse der astronomische in den astrologischen Rhythmus. Die astronomische Widderzeit von nur 1800 Jahren verlängert sich nun zum astrologischen Widderzeitraum von 2160 Jahren. Damit erstreckt sich dieser über die Zeitenwende hinaus bis zur Zeit um das Jahr 260 (1900 v. Chr. + 2160 Jahre = 260 n. Chr.). Hierdurch vergrößert sich der Widderkräftebereich von 25 auf 30 Grad (1° entspricht 72 Jahren, 5° = 360 Jahre; 1800 + 360 = 2160 Jahre) und wird dadurch zum Widderzeichen.

Nach dem Beginn des astrologischen Zeitalters um das Jahr 1900 entwickelte sich die babylonische und ägyptische Sternkunde durch etwa 1 500 Jahre hindurch in lebendiger Übereinstimmung mit dem sich verändernden Sternenhimmel. Ein bedeutender Höhepunkt wird in Babylonien im 5. Jahrhundert vor der Zeitenwende sichtbar. Zugleich wurde die von den Griechen aus den babylonischen und ägyptischen Kulturen übernommene Sternkunde in den folgenden Jahrhunderten weiterentwickelt und vor allem in der Stadt Alexandria zur Blüte geführt. Hierzu gehörte das persönliche Horoskop. Etwa bis zum 3. Jahrhundert nach der Zeitenwende hatte sich diese Sternkunde somit über 2000 Jahre lebendig entwickelt.

Als dann das astrologische Widderzeitalter um diese Zeit zu Ende ging, wurde die Konstellation des „Widder-Tierkreises" festgelegt. Die Sonne war auf ihrem Durchgang durch das entstandene Widderzeichen, das jetzt einen Teil des Fischebildes einnahm, an die Grenze dieses Tierkreisabschnittes von 30 Grad gekommen. Diese Grenze wird von nun an astrologisch als 0 Grad Widder bezeichnet. Die erfolgte Gradzählung der Abschnitte verläuft in Gegenrichtung zur Präzessionsbewegung der Sonne, nämlich in Übereinstimmung mit der Jahresbewegung der Sonne und der Planeten. Auf dieser Zeichengrenze zwischen Widder und Fische blieb für das astrologische Menschenbild die Sonne zu Frühlingsbeginn durch alle folgenden Jahrhunderte hindurch bis in unsere Zeit stehen. Damit wurde das Verhältnis der Erde zum Tierkreis fixiert. Er verblieb für die astrologische Sicht wie er am astronomischen Himmel im 3. Jahrhundert nach der Zeitenwende sichtbar war. Doch die wechselnden Konstellationen der Planeten und der Sonne im planetarischen Raum wurden von astrologischer Einsicht weiterverfolgt. Ihre Beziehungen zum vergangenen Sternenhimmel bildeten den Inhalt der Sterndeutung für das Horoskop. – Inzwischen ist aber die Sonne seit dem 3. Jahrhundert auf ihrer Präzessionsbahn über 1 700 Jahre lang weitergeschritten. Das entspricht einem Tierkreisabschnitt von etwa 24 Grad. Damit ist die Sonne heute etwa 6 Grad von der Grenze Fische-Wassermann entfernt. Die gegenwärtige Sonnenstellung führt dazu, daß für einen heute im Zeichen Widder geborenen Menschen die Sonne schon weit in den Fischen und nahe der Grenze zum Wassermann steht.

Horoskop, Zeichen und Bilder

Die nun erreichte Fähigkeit zur Erstellung eines Horoskops (Griechisch: Stundenschau) erfolgte durch das In-Verhältnis-Setzen von Geburtsort und Geburtsstunde eines Menschen zu den entsprechenden Sternenstellungen. In der heutigen Gestalt des Horoskops verläuft der auf das runde Tierkreisschema übertragene Horizont des Geburtsortes als waagrechte Linie durch die Mitte des von den Sternzeichen gebildeten Kreises und damit durch die Erdmitte. Diese Linie wird als „wahrer Horizont" bezeichnet und teilt die Horoskopfläche in einen oberen und unteren Teil. Die obere Hälfte veranschaulicht die über dem Horizont stehenden astrologischen Sternenkonstellationen der Geburtsstunde. Im Endbereich der nach Osten (links) verlaufenden Horizontlinie befindet sich zur Geburtsstunde ein Sternzeichen im Aufgang als Folge der täglichen Erdrotation. Es ist der „Aszendent", dem besondere Wichtigkeit zugemessen wird. Im genauen Gegenüber (rechts) – im Westen – befindet sich der Deszendent. Im oberen Bereich ergibt sich eine „Himmelsmitte" (Medium Coeli, MC) als ein meistens nach Ost oder West abweichender Ort, der aus dem berechneten Mittagsstand der Sonne auf dem Ekliptikhintergrund hervorgeht. Der Ausdruck „Mitte" ist daher wesenhaft gemeint und nicht geo-

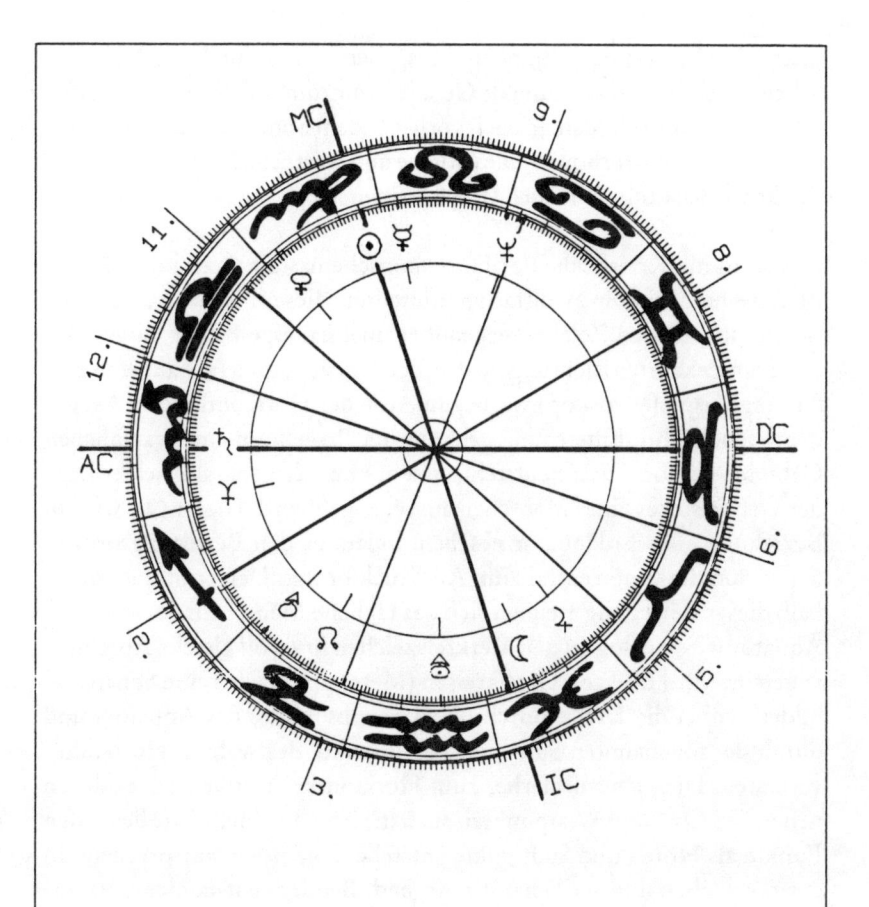

Johann Wolfgang von Goethe
28. 8. 1749, 12.00 LZ, Frankfurt/M. (Placidus)

metrisch. Die von dem Sonnenort ausgehende und durch die Mitte des Schemas (Erdmitte) verlaufende Gerade kann zum wahren Horizont verschiedene Winkel bilden, je nach vorliegendem Sonnenstand. Diese Vertikale teilt das Horoskop in eine östliche und westliche Hälfte. Der untere Punkt wird als Immum Coeli (IC) bezeichnet.

Das so in die Kreisfläche des Horoskopschemas eingezeichnete Kreuz ist Teil einer weiteren zwölffachen Einteilung dieser Fläche in „Häuser"; sie werden als den Zeichen gegenüber unabhängige Felder dargestellt, die in umgekehrter Richtung zu den Zeichen verlaufen (die äußeren Ziffern im Beispielhoroskop). Sie beginnen an der Horizontlinie im Aszendentbereich. Ihre Entstehung geht aus der Projektion eines räumlichen Gebildes hervor. Dieses entsteht, indem von der geographischen Lage des Geburtsortes eines Menschen ausgegangen wird. Dieser Ort wird in Beziehung zum Erdäquator gesehen, indem er den Bewegungsprozeß der Erdumdrehung zentral zum Ausdruck bringt. Denn mit und innerhalb dieser Bewegung ereignet sich das tägliche Menschenschicksal. Der Äquator wird analog zu den Tierkreiszeichen in zwölf gleiche Abschnitte geteilt. Mit Hilfe von Großkreisen (Meridianen) wird eine Sphäre gebildet, wobei die Kreise durch die Grenzabschnitte des Äquators und durch die sogenannten Süd- und Nordpunkte des wahren Horizontes verlaufen. Dieser wird hierbei zum Horizontkreis erweitert, wodurch neben den Ost- und Westpunkten auch die jeweils in der Mitte liegenden Punkte als Nord- und Südpunkte entstehen. Sie liegen entsprechend in der nördlichen und südlichen Erdgegend. Bei dem entstandenen räumlichen Gebilde verlaufen also die Großkreise nicht parallel zum Äquator, sondern immer in einem Winkel zu diesem, es sei denn, es wird von Geburtsorten ausgegangen, die auf oder an den geographischen Polen der Erde liegen, denn hier decken sich wahrer Horizont und Äquatorhorizont. Werden die Großkreise zu Flächen verwandelt, teilen sie den Erdglobus in zwölf gleiche Segmente (sphärische Zweiecke), die dem Anblick einer geschälten Apfelsine entsprechen. Die sphärischen Segmente stellen die „Häuser" dar und werden zum Tierkreis in Beziehung gesetzt, der als Ekliptikebene die sphärische zwölffache Gliederung der Häuser schneidet. Die Häusergrenzen auf dem Äquator werden auf die Ekliptikebene projiziert, wodurch die zweidimensionalen Felder des Horoskopschemas entstehen (Konstruktionsentwurf nach Johannes

Müller, genannt Regiomontanus [1436 bis 1476]; es bestehen abweichende aber ähnliche Entwürfe bei anderen Astrologen). Der Anblick eines Horoskops entspricht also gewissermaßen der Sicht auf den Erdglobus von über dem Nordpol. Die ungleichen Größen der Felder im Schema veranschaulichen das stark wechselnde Bewegungsverhältnis zwischen dem regelmäßig rotierenden Erdhorizont und der durch die Schräge der Erdachse sich dabei auf und nieder bewegenden Ekliptik mit ihren seitlichen Schwankungen.

Diesen Feldern wird im Hinblick auf die Phasen des Menschenlebens eine besondere Bedeutung zugemessen. Werden dann die Planetenstände gemäß der Geburtsstunde eingezeichnet, ergeben sich Bezüge zu den Zeichen und Feldern. Zusammen mit diesen Bezügen werden Winkelverhältnisse der Planeten zueinander berücksichtigt und gedeutet. Sie bilden als „Aspekte" Oppositionen, Konjunktionen, Quadrate, Trigone und weitere Winkelstellungen.

Als die Sonne auf ihrer Präzessionswanderung im ersten Jahrhundert vor der Zeitenwende in das Sternbild der Fische eintrat, wurde dieser Schritt von der astrologischen Wissenschaft nicht mitgemacht. Diese Enthaltung erwies sich auch als richtig; denn es zeigte sich, daß selbst wenn bei der Geburt eines Menschen zu Frühlingsbeginn die Sonne schon in den Fischen stand, sich sein Wesen dennoch im Sinne einer fundierten astrologischen Tradition als Widder-geprägt erwies. Auch in den folgenden Jahrhunderten bestätigt sich diese Tatsache. Daher wurde in den ersten Jahrhunderten nach der Zeitenwende das astrologische Menschenbild zusammen mit dem astrologischen Tierkreis fixiert. Die Sonne selber aber schritt durch die Wirkungen der Präzession weiter fort. Aus astrologischer Sicht machten die Menschen die dazugehörige Veränderung nicht mehr mit. Durch das Festhalten an der Frühlings-Widderkonstellation der Sonne, auch nachdem die Sonne schon in den Fischen stand, zerfiel die Sternkunde in zwei Bereiche, die sich bis in die Gegenwart gehalten haben. Die Astronomie richtet den Blick auf den fortschreitenden Sternenhimmel und spricht von S t e r n b i l d e r n; die Astrologie dagegen von S t e r n z e i c h e n. Diese eindeutige Doppelheit trat erst mit dem Aufkommen der Naturwissenschaft in der Neuzeit deutlich ins Bewußtsein; sie konnte um die Zeitenwende noch nicht voll erkannt werden, weil Bild und Zeichen noch eng beieinander lagen.

Die Anschauungen gegenwärtiger Astrologen im Hinblick auf die Diskrepanz zwischen Bildern und Zeichen führen zu folgenden Vorstellungen: Der astrologisch überlieferte Tierkreis, hier „astrologischer" Tierkreis genannt, wird von der Astrologie mit dem Begriff „tropisch" bezeichnet. Das Wort „tropisch" entstammt dem Griechischen und bedeutet „Wende". Die gegenwärtige Astronomie spricht vom tropischen Jahr der Erde. Damit ist der Zeitraum des Jahreslaufes gemeint, der durch die wiederkehrenden Frühlingsäquinoktien (Tag- und Nachtgleichen) bestimmt wird. Sie treten ein, wenn durch das Bewegungsverhältnis der Sonne zur Erde der lotrechte Lichteinfall der Sonne im Jahreslauf von einer Erdhalbkugel zur anderen am Äquator überwechselt. Die Astrologie überführt nun das tropische Zeitgebilde des Jahres in der Art, daß dabei ein räumlicher Tierkreis projiziert wird, bei dem zu Frühlingsbeginn die Sonne immer im Widder steht. Dagegen wird der am Himmel sichtbare Tierkreis (astronomischer Tierkreis) als „siderisch" bezeichnet. Auch dieser Begriff entstammt der Astronomie. Denn bei der Feststellung der Länge des tropischen Jahres wird die Zeitveränderung den Sternen gegenüber, bewirkt durch die Präzession, nicht berücksichtigt, sondern nur das Erden-Sonnen-Verhältnis. Wird demgegenüber die Präzession mit einbezogen und damit der Frühlingspunkt i m T i e r k r e i s dem Messen zugrunde gelegt, erweist sich dieser Jahreszeitraum als länger. Denn, wie schon dargestellt: Im Voranschreiten der Zeit wandern die Sterne rückwärts von West nach Ost. Die Bewegung ist die gleiche wie die Jahresbewegung der Sonne, wodurch eine geringfügige Zeitverlängerung bis zur Wiederkehr des Frühlingsbeginnes entsteht. Dieser längere Zeitraum wird das „siderische" Jahr genannt (siderisch: auf die Sterne bezogen) und ist damit das Erden-Sternenjahr gegenüber dem tropischen Erden-Sonnenjahr.

Ein Teil der heutigen Astrologie bringt mit dem Begriff „tropischer" Tierkreis eigentlich zum Ausdruck, daß dieser von der Tradition überlieferte Tierkreis nicht mehr in Verbindung mit dem sichtbaren Sternenhimmel zu sehen ist. Er befindet sich nur im Sonnen-Erden-Raum und wird in seinen Wirkungen an der Realität des Horoskops wahrgenommen und in manchen Erscheinungen des Jahreslaufes, etwa bei der Tagundnachtgleiche, deren Gleichgewicht von Licht und Dunkel sich mit dem harmonischen Ausgleichswesen des Sternbildes Waage in Übereinstimmung befindet. Damit sind Tendenzen in der Astrologie wirksam, die nicht mehr die Verbindung von Erde und Mensch mit den früher wirksamen Kräfte des Tierkreises und der Fixsternsphäre wahrnehmen. Dies kann zu dem weiteren Schritt führen – schon bei J. Kepler vorbereitet –, die Bezüge der Planeten zu den Sternzeichen selber aufzugeben. Letztlich haben die Zeichen ihre Kräfte von den im Umkreis wirkenden Sternbildern erhalten. – Der Begriff „tropisch" ist insofern kritisch und für viele weniger orientierte Menschen mißweisend, weil er als übernommener wissenschaftlich-astronomischer Begriff den Anschein erweckt, als gäbe es tatsächlich einen solchen feststellbaren „tropischen" Tierkreis als äußerlich anschaubares Raumesphänomen, etwa im Vergleich zum „siderischen" Tierkreis. So gesehen existiert aber gar kein „tropischer" Tierkreis; er ist eine astrologische Überlieferung und eine Erfahrung am Menschen. Hinzu kommt die widersprüchliche Tatsache, daß Teile der modernen Astrologie weitgehend auf einen realen Bezug zum Tierkreis überhaupt verzichten und sich damit auch nicht mehr auf einen solchen berufen sollten.

Sternenfortgang und Zeitenwende

Es ist von entscheidender Bedeutung, daß der Übergang zur Zeitenwende, der zur Trennung von Bild und Zeichen führte, klar ins Auge gefaßt wird, sowohl aus der Sicht einer neuen Sternerkenntnis als auch im Hinblick auf die Christus-Erscheinung und ihr Verhältnis zur Sternenwelt. – Das durch die Präzession veranlagte Fortschreiten der Sonne von Ost nach West trifft auf die Gegenbewegung der Jahresbewegung. In derselben Art, wie der Mond auf seiner Tagesbewegung durch die eigene gegenläufige Bewegung durch das Jahr zurückbleibt und diese beiden Bewegungen ineinander aufgehen, trifft auch das langsame Fortschreiten der Sonne auf die sehr viel schnellere Gegenbewegung im Jahreslauf. Diese ständige Durchdringung beider Bewegungen führt beim Überschreiten der Grenze zwischen zwei Sternbildern dazu, daß die Sonne zunächst nur einen Augenblick im neuen Sternbild verweilt, um im nächsten Augenblick – von der Jahresbewegung veranlaßt – wieder in das schon verlassene

Bild zurückzukehren. Hat die Sonne etwa 100 Jahre vor der Zeitenwende zum ersten Mal die Grenze zwischen Widder und Fische nach Westen überschritten, wird sie durch die Jahresbewegung sofort wieder nach Osten in das Bild des Widders zurückgeführt. Die Sonne verbleibt nicht im neuen Bild; in dieses dringt sie aber in jedem Jahr durch die ständige Präzessionswirkung etwas weiter vor. Die Durchdringung des neuen Bildes geht äußerst langsam vor sich; nach etwa 260 Jahren hat die Sonne erst ein Zehntel des großen Fischebildes durchdrungen (2 600 Jahre : 260 = 10). Das entspricht etwa einer Verweildauer von 3,6 Tagen im neuen Tierkreisbild. (Der zurückgelegte Abstand der Sonne an einem Tag im Jahreslauf entspricht etwa einem Grad: 365 Tage zu 360 Grad; die durch die Präzession veranlaßte Sonnenbewegung schreitet im Verlaufe von 72 Jahren einen Grad voran: 72 Jahre x 3,6 = 259 Jahre.) Für die Jahrhunderte nach der Zeitenwende bedeutet dies, daß die Sonne nach der Mitte des 2. Jahrhunderts erst etwa 3,6 Tage lang nach der Frühlingswende im Sternbild der Fische steht, um danach wieder in den Widder zurückzukehren.

Es muß in diesem Zusammenhang beachtet werden, daß sich im zeitlichen Erleben des irdischen Jahreslaufes der Sonnen- und Sternengang gegenüber dem räumlichen Himmelsaspekt umkehrt. In der Präzessionsbewegung am Himmel schreitet die Sonne vorwärts vom Widder zu den Fischen. In der oberen Himmelshälfte befindet sich der Widder östlich von den Fischen. Der Weg zu ihnen ist daher ein Fortschreiten von Ost nach West. Im Jahreslauf dagegen folgt auf die Fische der Widder, die Fische sind das Frühere, der Widder das Spätere. Daher führt die Präzessionsbewegung im Jahreslauf dazu, daß die Sonne zurückbleibt, indem sie vom Widder in die Fische überwechselt: Sie durchwandert damit das Jahr rückläufig. Demgegenüber rücken die Sternbilder oder Zeichen nach vorne: Wo früher – vor der Zeitenwende – zu Frühlingsbeginn der Widder stand, stehen heute die Fische. Sie sind nachgerückt. Die Sternbilder wandern also als Folge der Präzession vorwärts durch das Jahr.

Der Sternen-Sonnen-Prozeß im Jahreslauf hat dazu geführt, daß die früheren Tierkreiskräfte von der Natur und dem Menschen durch die Jahrtausende aufgenommen worden sind. Der hieraus hervorgehende „Zeichentierkreis" kann als „involvierter Tierkreis" bezeichnet werden. Zugleich ist er der „Tierkreis der Eurythmie". Wird er zeichnerisch

Der involvierte Tierkreis

wiedergegeben, so ist es folgerichtig, daß die Reihenfolge im dargestellten Kreis sich auch umkehrt, im Sinne der Jahreslaufbewegung.

Die Tatsache, daß zur Zeitenwende die Sonne die Grenze vom Widder zu den Fischen im Frühling überschritten hatte, aber kalendarisch fast den ganzen Monat nach Frühlingsbeginn noch im Widder stand, hat zu manchen Fehlauffassungen der geistigen Situation zur Zeitenwende geführt. Der äußere, mengenmäßige, kalendarische Eindruck führte zu der Auffassung: Die Wirklichkeit des astrologischen Zeitalters gilt noch zur Zeitenwende und wird durch die Christusinkarnation bestätigt und bewahrt. Auch der große Astronom Johannes Kepler (1571–1630) dachte in diese Richtung und suchte hier die Lösung der Frage: Warum hält das Menschenwesen die alten astrologischen Sternzeichen fest, obwohl die wirklichen Himmelskonstellationen immer weiter fortschreiten? – Im Verlaufe dieser Darstellung konnte gesehen werden, daß die Entstehung des astrologischen Rhythmus von 2 160 Jahren auf einer Realität beruht, die im Erdenbereich entstanden ist. Dieser Rhythmus führt zunächst zum Einbeziehen der Zeitenwende in das astrologische Zeitalter, indem das Ende dieses Zeitraums etwa um 260 nach Christus gesehen werden kann. Die Sternenwelt selber spricht dagegen etwas anderes aus. Für sie beginnt das neue Fischezeitalter etwa 100 Jahre vor Christus. Was enthüllt sich durch diesen Doppelaspekt?

Um das Rätsel des konstitutionellen Festhaltens an den vergangenen Sternzeichen aufzuhellen, muß wiederum der Evolutionsweg der Menschheit angeschaut werden. Die Ursache, die zur äußerlich-physischen und innerlich geistig-seelischen Einteilung des Sternenkreises in zwölf gleiche Zeichen führte, ist die gleiche, die zum Festhalten der alten Sternzeichen im Menschenwesen führt. Zur Zeitenwende bewirkt diese Ursache fortschreitend tiefere Folgen. Die erste ist die Trennung von den tragenden Seinstatsachen der Welt. Zu diesen gehören die Sternenkräfte. Machte noch die Astrologie durch Jahrtausende hindurch die laufenden Veränderungen dieser Kräfte mit, so hört dies nach der Zeitenwende auf. Die Astrologen erkannten mit Recht, daß die unmittelbare Sternenverbundenheit der Menschen aufgehört hatte. Ein eindeutiges Beispiel für diese Tatsache wird durch das Schicksal des Kaisers Julian Apostata („der Abtrünnige", 331–363 n. Chr.) veranschaulicht. Er war christlich erzogen worden, wurde aber schon in jüngeren Jahren von einer Unzufriedenheit dem Christentum gegenüber ergriffen. Er begeisterte sich für die vergangenen Sternenreligionen und verfaßte Schriften über sie, darunter eine über die „Dreifache Sonne". Als Kaiser setzte er alle Mittel ein, um die alten Sternenreligionen zu erneuern; dabei unterdrückte er das Christentum. Doch selbst mit all der einem Kaiser damals zustehenden Macht gelang es nicht, die Menschen zur Wiederaufnahme der Sternenanbetung zu bewegen. – Die Menschen konnten kein Verhältnis zu den Sternen mehr finden. Sie waren vom Seinsbereich der Sterne abgeschnitten und hatte diese kosmische Dimension verloren.

Anstelle der unmittelbaren Sternenverbundenheit trat eine übernommene Erbschaft der Sternenwelt als Ergebnis kosmischer Wirkungen durch Jahrtausende hindurch. Dabei wurden die verflossenen zwei Jahrtausende vor der Zeitenwende maßgebend. Das astronomisch-astrologische Widderzeitalter prägte sich dem Menschenwesen ein, gewissermaßen als dominierender Inhalt eines Menschheitshoroskops. Diesen vergangenen Sternenhimmel erhielten die Menschen mit auf den Weg als ihren „Erdenhimmel". Sie übertrugen ihn von einer Generation zur nächsten. – Es gehört zum Wesen des Menschen, daß er fortwährend alle Wirkungen der Umwelt in sich aufnimmt, sie verarbeitet und daraus etwas gestaltet. Das Urbeispiel ist die Nahrungsaufnahme; hierbei werden alle Substanzen zugunsten einer entstehenden und sich dann bewahrenden Leibesform völlig umgewandelt. Dabei ist der Mensch in gleichem Maße abhängig von den geistigen Lebenseinflüssen der Nahrung; sie sind mitbeteiligt an der Menschengestaltung. Die Welt wird so fortwährend Mensch. Er ist dazu veranlagt, sich in ständiger „Weltaufnahme" zusammen mit der Welt zu entwickeln. So geschah es auch mit den Sternenkräftewirkungen.

In dem Entwicklungsprozeß tritt dann eine Stockung ein, wenn das Erden-Ich erwacht. Mit ihm erhält der Mensch die Möglichkeit, sich von der Welt zu trennen und sich abzuschließen. Um zur Freiheit zu gelangen, muß diese Möglichkeit dem Menschen offenstehen. Durch den ursprünglichen Fall der Welt und der Menschen, verbunden mit der Möglichkeit, durch ein vom Kosmos abgetrenntes Erdenbewußtsein hindurchgehen zu können, ereignet sich immer wieder eine völlige Trennung großer Teile der Menschheit von ihren Ursprungswelten. Als das menschliche Erden-Ich in den Jahrhunderten um die Zeitenwende herum erwacht, wird zugleich eine radikale Trennung von der geistigen Welt sichtbar. Hierfür ist das Römerreich ein Beispiel; in ihm hatten sich die Menschen von der geistigen Welt abgewendet und wandten sich vollständig der irdischen Welt zu. In dieser Situation wird das Sternenerbe zur Wegzehrung. – Zugleich kann auf die Notwendigkeit hingeblickt werden, daß auch die Seelengestalt des Menschen – sein Astralleib – einer strukturierenden und tragenden Grundlage bedarf, wie dies auch beim physischen Leib des Menschen vorliegt. Denn so wie dieser zunächst erkennbar aus Vergangenheitskräften gebildet ist, erhält auch die Menschenseele als tragende Struktur solche aus der Vergangenheit wirkende Kräfte. Sie entstammen dem Sternenwirken. In dieser Art entstehen die Seelengestalten der zwölf Menschentypen als Ausdruck von zwölf Sternenkräften. Als das lebendige Verhältnis zum Kosmos zur Zeitenwende abriß, wurden die Sternenkräfte des Widderzeitalters zur formenden Seelenstruktur des Menschen.

Bei aller höheren Notwendigkeit dieser Geschehnisse, muß zugleich erkannt werden, daß in dieser Lage zur Zeitenwende eine weitreichende Bedrohung aufkam: Mensch und Kosmos begannen auseinanderzudriften. Es entstand eine beginnende existentielle Spaltung, die langsam, aber sicher einen Abgrund zwischen Mensch und Natur aufriß. Eine Folge dieses Prozesses kann in der Gegenwart gesehen werden, in der der Abgrund zwichen Mensch und Natur eine ungeheure Bedrohung darstellt. Die Erdennatur ist ein Teil des geistig-lebendigen Kosmos, ist aber durch Menscheneinfluß mit dem weiterentwickelten Verstandesdenken zur modernen Intellektualität von diesem geistigen Leben weitgehend abgetrennt worden. Erst eine Wiederherstellung der Erdennatur mit den kosmischen Zusammenhängen wird eine Wende zur weiteren heilsamen Entwicklung herbeiführen. – Hätte sich zur Zeitenwende nichts anderes ereignet als diese Trennung des Menschen vom Kosmos und die daraus hervorgehende Freiheitsmöglichkeit, stünden wir heute nicht nur v o r einem, sondern längen schon im Abgrund. Der zur Zeitenwende erschienene Christus hat den Menschen die Möglichkeit eröffnet, den weiteren Weg zusammen mit der stetigen Evolution des Kosmos zu gehen. Dieser Evolutionsweg wird durch das Weiterschreiten der Sonne im Tierkreis zum Sternbild der Fische als kosmisches Wahrbild veranschaulicht.

Christentum und Sterne

Die erste, grundlegende Verkündigung des Christus – in der Übernahme der Täuferworte – lautete: „Ändert euren Sinn; denn das Reich der Himmel ist nahe herbeigekommen." Bisher ist das Wort vom Herannahen des Himmels in einem allgemeinen Sinne aufgenommen worden, als Ausdruck der Anwesenheit einer jenseitigen Welt, die sonst den Menschen verborgen ist. Es handelt sich eigentlich um die geistige Welt. Die weitere Verkündigung zeigt, wie ausführlich und oft Christus versucht, das Wesen dieser geistig-himmlischen Welt den Menschen nahezubringen. Immer wieder neue Bilder werden herangezogen, um das Reich der Himmel zu beschreiben. – Ein Ausdruck dieses Reiches ist die Sternenwelt. Mit dem Herankommen dieses Reiches kommen auch die Sternenwesen zu den Menschen. Es wird in der Zukunft immer deutlicher werden, wie konkret dies geschieht. In anderer Art spricht auch die Apokalypse des Johannes von den Sternen: von ihrem Fallen auf die Erde. Vorher aber enthüllt Johannes den Christus als denjenigen, der die sieben Sterne in seiner rechten Hand hält (Apokalypse 2,1).

Es war eine selbstverständliche Erkenntnis der Menschen um Christus, daß er unmittelbar Sternenkräfte mit sich herunterbringt. Im Zentrum dieses Erkennens stand die Wahrnehmung, daß Christus als ein sonnenhaftes Wesen erscheint, verbunden mit den Sternen-Fischekräften. In den Katakomben wurde Christus als der neue Sonnengott Helios und immer wieder im Zusammenhang mit Fischabbildungen dargestellt. Schließlich erhielt das griechische Wort für Fisch – Ichtys – neben seiner eigentlichen Bedeutung eine zweite, wodurch es zum Symbolbegriff für das Wesen des Christus wurde. Sowohl das Wort selber als auch die einzelnen Anfangsbuchstaben ergaben den Sinn:

I	CH	TH	Y	S
JESUS	CHRISTOS	THEOU	HYIOS	SOTER
Jesus	Christus	Gottes	Sohn	Retter

So wurde das Bild des Fischwesens ganz zusammengefügt mit dem umfassenden Wesen des Christus. Es wurde wahrgenommen und erlebt, daß Christus die Sonnen-Fischekräfte mit sich bringt in Übereinstimmung mit dem neuerlich erfolgten Schritt der Sonne in das entsprechende Bild hinein. Dadurch konnte auch gesehen werden, wie die Verbindung mit Christus, den verlorengegangenen Zusammenhang mit den Sternenkräften wiederherstellt; doch in neuer und anderer Art, indem diese Kräfte nun Mensch geworden waren.

Rudolf Steiner hat die urchristlichen Erlebnisse und Erkenntnisse durch geisteswissenschaftliche Forschungsarbeiten bestätigt und umfassend vertieft. Anfang Juni 1911 hielt er Vorträge in Kopenhagen, die er noch im selben Jahr überarbeitete und schriftlich fixierte. Das war ein seltener Vorgang bei der Arbeitsweise R. Steiners zu dieser Zeit. Im Vorwort der Schrift erwähnt er diese Besonderheit und führt aus, daß er „Gründe habe", die Schrift gerade zu diesem Zeitpunkt erscheinen zu lassen. Das Buch mit den drei Kopenhagener Vorträgen erschien mit dem Titel: „Die geistige Führung des Menschen und der Menschheit – Geisteswissenschaftliche Ergebnisse über die Menschheits-Entwicklung". Es lag nahe, daß R. Steiner an diesem geographischen Ort einen geistigen Bezug zum bedeutenden dänischen Astrologen und Astronomen Tycho Brahe (1546 bis 1601) nehmen würde. Dieser hatte durch seine jahrelangen Sternenbeobachtungen auf der Insel Hven im Öresund zwischen Dänemark und Schweden die entscheidende Grundlage für die moderne Astronomie gelegt. Seine Beobachtungen schlugen sich in genauen Sternenkarten mit Neueintragungen von vielen tausend Sternen nieder. In Tycho Brahe vollzog sich der entscheidende Übergang in der neueren Zeit von der alten Sternenkunde zur modernen Astronomie.

In jüngeren Jahren praktizierte Brahe noch die Astrologie und erstellte Horoskope. Dabei sah er den Tod eines türkischen Sultans voraus. Die Erfüllung dieser Prophezeiung machte ihn in Europa bekannt. Die Horoskope Brahes sind in Kopenhagen aufbewahrt, aber es ist nicht bekannt, ob R. Steiner sie gesehen hat. Im 3. Vortrag der erwähnten Schrift beginnt er, sich mit dem Wesen des Horoskops auseinanderzusetzen. Es ist das einzige Mal, daß dieses Thema von R. Steiner direkt behandelt wird. Er formuliert zunächst: „Dem Stellen des H o r o s k o p s liegt die Wahrheit zugrunde, daß der Kenner dieser Dinge die Kräfte lesen kann, nach denen sich der Mensch in das physische Dasein hereinfindet. Einem Menschen ist ein bestimmtes Horoskop zugeordnet, weil in demselben sich die Kräfte ausdrücken, die ihn ins Dasein geführt haben". Es werden dann hierüber weitere Gedanken ausgeführt, um dann ein hypothetisches Bild vor die Zuhörer hinzustellen: Wenn man die Gehirne der Menschen bei ihrer Geburt photographieren würde, so entstünde bei jedem Menschen ein verschiedenes Bild, je nach Übereinstimmung mit dem Himmelsbild der Sterne: „Der Mensch hat in sich ein Bild des Himmelsraumes, und zwar jeder ein anderes Bild, je nachdem er da oder dort, in dieser oder jener Zeit geboren ist. Das ist ein Hinweis darauf, daß der Mensch herausgeboren ist aus der ganzen Welt. – Wenn man dies ins Auge faßt, kann man sich auch zu der Vorstellung erheben, wie das Makrokosmische in dem einzelnen Menschen sich zeigt, und davon ausgehend die Idee gewinnen, wie es sich in dem Christus zeigt". Die Behandlung des Horoskopthemas wird zugunsten umfassend-christologischer Schilderungen abgebrochen. Es wird das Rätsel der zwei Jesusknaben dargestellt und der Einfluß Buddhas auf das Werden des Jesus-Kindes. Das alles wird geschildert, um die geistigen Wesen-Verhältnisse zu erfassen, die bei der Taufe Jesu vorlagen. Bei dieser wirkte herein „die kosmische Individualität des Christus". Das geisteswissenschaftliche Verständnis dieser Tatsache führt dann zu der Erkenntnis: „Während Jesus von Nazareth als Christus Jesus in den letzten drei Jahren seines Lebens vom dreißigsten bis zum dreiunddreißigsten Jahre in Palästina auf der Erde wandelte, wirkte fortwährend die ganze kosmische Christus-Wesenheit in ihn herein. Immer stand der Christus unter dem Einfluß des ganzen Kosmos, er machte keinen Schritt, ohne daß die kosmischen Kräfte in ihn hereinwirkten. Was sich hier bei dem Jesus von Nazareth abspielte, war ein fortwährendes Verwirklichen des Horoskopes; denn in jedem Moment geschah das, was sonst nur bei der Geburt des Menschen geschieht." Kurz vorher war festgestellt worden, was – im Gegensatz zur Christus-Inkarnation – beim Menschen geschieht: „Bei einem anderen Menschen wirken die kosmisch-geistigen Gesetze nur so, daß sie ihn in das Erdenleben hereinstellen. Dann treten diesen Gesetzen diejenigen entgegen, welche aus den Bedingungen der Erdenentwicklung stammen."

Bei der einleitenden Behandlung des Horoskops kam R. Steiner nicht auf die Kardinalfrage zu sprechen: Welcher Sternenhimmel nun im Menschen abgebildet wird, der vergangen-astrologische oder der gegenwärtig-astronomische? Es ist deutlich – wie öfter bei R. Steiners Darstellungen –, daß er auch hier beim Sprechen mit den Fragen arbeitet. Aus seinem „hypothetischen Bild" geht daher im Hinblick auf das wahre Verhältnis des Horoskops zum Menschen kein Ergebnis hervor. Es wird noch zugunsten eines urbildhaften Ereignisses zwischen Sternenwelt und Christusleben offengelassen. Dann aber erfolgt das Resultat in bezug auf den Menschen. Das Ergebnis ist eindeutig, aber ungewohnt formuliert. Vom Horoskop ist eigentlich keine Rede mehr. Jedoch: Die kosmisch-geistigen Gesetze wirken beim Menschen nur so, daß sie ihn in das Erdenleben hereinstellen. Ob und wie diese im Horoskop zu erkennen sind, bleibt offen. Dagegen bleibt nicht offen, daß sofort „Bedingungen der Erdenentwicklung" diesen kosmisch-geistigen Gesetzen entgegenwirken. – Die Bedingungen sind in der vorliegenden Darstellung genau beschrieben worden. Es sind die Verhältnisse, die sich durch das „Zurückbleiben" der Menschen gegenüber dem Fortschreiten der Himmelskräfte ergeben. In ihnen sind die „kosmisch-geistigen Gesetze" verborgen, die die Menschen zur Geburt führen. Was astrologisch als Horoskop festgestellt wird, ist das Ergebnis der „Bedingungen der Erdenentwicklung". Diese Bedingungen wahrzunehmen ist selbstverständlich von großer Wichtigkeit und könnte zum Erfassen der ursprünglich kosmisch-geistigen Gesetze führen.

Aus dem starken Erleben, daß der Christus die Substanz der fortschreitenden Sternenwelt als unmittelbar wirkendes Reich der Himmel verkörperte, ist es nicht verwunderlich, daß das Christentum in eine Opposition und Gegnerschaft zur überlieferten Sternenweisheit geriet. Es wurde empfunden, wie diese Weisheit das Wesen des Menschen aus einer nicht mehr gültigen Weltsicht heraus anschaut und zu erfassen sucht. Das ist eine verständliche Reaktion. Doch war das neue Menschenbild zunächst nur in Christus gegeben und bei weitem noch nicht in seinen Nachfolgern verwirklicht. Diese waren von der Christuserscheinung so erfüllt, daß ein Erlebnis entstand, das den noch nicht weiterentwickelten Zustand ihrer selbst und den ihrer Mitmenschen übersah. Das wiederum führte zu einer Haltung, die einen fruchtbaren Austausch mit der noch „heidnischen" Umwelt verhinderte. So geschah, was unter den Menschen in ähnlicher Situation meistens geschieht: Das Kind wurde mit dem Bade ausgegossen: Die alte Sternenweisheit wurde verworfen, verfolgt und vielfach völlig ausgerottet. Die Auseinandersetzung des dann entstehenden Kirchenchristentums mit der antiken Astrologie zog sich durch die ersten Jahrhunderte hin und führte auch zu dramatischen Geschehnissen. Ein grelles

Zeitenwende
21.12.-24 Uhr

Beispiel der Härte dieser Auseinandersetzungen ereignete sich kurz nach dem Jahr 400. Zu dieser Zeit lebte die berühmte griechische Astronomin und Philosophin in Alexandrien mit dem Namen Hypatia (370–415). Neben ihrer Tätigkeit als Astronomin hielt sie Vorlesungen am Museion über Plato, Aristoteles und andere Philosophen. Hypatia muß das Christentum mit der großen christlichen Gemeinde in Alexandrien unter dem Patriarchen Cyrill gut gekannt haben, wurde aber nicht Christin. Es kam zu Spannungen zwischen ihr und den Christen, und durch tragische Umstände wurde sie vom christlichen Pöbel in Alexandrien zerrissen.

Sternenhimmel und Weltenwende

Der eigentliche Beginn des Christentums führt bereits in Sternenzusammenhänge hinein: Die Priesterkönige aus dem Morgenland sahen den Christusstern und machten sich auf den Weg, das Kind zu suchen, das unter diesem Stern geboren wird. – Die Hirten auf dem Felde blicken zur Weihnachtsnacht in die Sternenhöhen hinein: Aus diesen kommen ihnen die himmlischen Heerscharen der Engelswesen mit der Geburtsverkündigung entgegen. Engel sind Wesen-gewordene Sternenkräfte und auch zu Sternenerscheinungen gewordene Wesen. – In dieser Darstellung wurde bereits – im Zurückgehen in der Zeit – die Sternenkonstellation der Zeitenwende kurz aufgezeigt. Als die Hirten in der Mitte der Weihnachtsnacht zum Himmel aufblickten, sahen sie die Jahresmitternachtskonstellation der Winterwende. Das Bild des Krebses war inzwischen im Zenit kulminiert und weiter nach Osten gewandert; es stand jetzt östlich des Südmeridians. Die Zwillinge waren weiter aufgestiegen und jetzt das Bild, das sich anschickte, in den Kulminationsabschnitt einzutreten. Am Westhorizont stiegen die Sterne der Fische im Verlaufe der Bewegung des platonischen Weltenjahres auf, und am Osthorizont senkte sich das Bild der Jungfrau. In den Tiefen befand sich – gegenüber dem der Zwillinge – das Bild des Schützen.

Die Priesterkönige – die „Magoi", Magier nennt sie das Evangelium – werden als Sterneneingeweihte den bevorstehenden Weltenumschwung des Tierkreises mit den neuen Bilderkonstellationen als einen gewaltigen Umbruch erwartet haben. Sie erblickten die sich gegenüberstehenden vier prägenden Sternbilder mit ihren Weltenachsen zugleich als Sternkonfiguration und als Kreuz. Die vergehende Konfiguration zeigte – neben der Waage – nur die kosmischen Tierkräfte von Widder, Krebs und Steinbock. Wie bereits dargestellt, führte dies zu dramatischen Menschheitsbegebenheiten, die von seelisch harten Auseinandersetzungen geprägt waren. Im neuentstehenden Sternenkreuz erscheinen zwei Bilder mit alleinigen Menschenkräften: Zwillinge und Jungfrau. Schon das mußte die noch sternenverbundenen Priesterkönige mit großen Erwartungen erfüllen. „Wir sahen seinen Stern im Osten", so heißt es im Evangelium (Matthäus 2). Die Sternenweisen wanderten von Ost nach West. Ob dieser Stern vom Osten aus im Westen gesehen wurde oder im Osten selber, geht aus diesem Satz nicht hervor. Doch wie vieles im Neuen Testament, entsteht auch ein solcher Satz aus einem noch halb schauenden Bewußtsein, worin mehrere Perspektiven enthalten sind. Besonders das Verhältnis des Menschen zu den Sternen zeigt in großer Deutlichkeit den Wandel des menschlichen Bewußtseins. Der Fixstern ist für uns heute ein Lichtpünktchen mit astrophysikalischen Eigenschaften, ohne sonstige Bezüge, höchstens zu unserem Wissen, wie etwa, daß er auch, ähnlich der unsrigen, eine Sonne ist. In Übereinstimmung hiermit ist das Gegenwartsbewußtsein ein Punktbewußtsein, daher die unaufhörliche Konzentration auf das Atom.

Das frühere Bewußtsein war ein Sphärenbewußtsein. Im Hinblick auf die Sterne verwob der Mensch die Erinnerungsbilder der Sternbewegungen zu sphärischen Geschehnissen und Gebilden, die den ganzen Himmel mit einbezogen. Der Gegenwartsmensch tut dies noch zu einem gewissen Grad der Sonne gegenüber. Durch die sichtbar-tägliche Bewegung dieses Gestirns und das Wissen über seinen nächtlichen Umgang ist unser inneres Bild der Sonne noch nicht völlig statisch erstarrt. Nicht nur daß für den früheren Menschen eine Wesensaura zu einem Stern gehörte, aus der heraus ein handelnder Engel treten konnte, sondern alle Bewegungen eines Sternes und ihre Bezüge wurden zu diesem Stern hinzuerlebt. Das konnte sich durch die damaligen Lebensverhältnisse sehr vertiefen. Man vergegenwärtige sich die vielen ausgedehnten Nachtritte der Kamelkarawanen in den Wüstengebieten, wo nur die Sterne Wegweiser der Menschen waren. Deren Licht strahlt in der Wüste so intensiv, daß der Schein der Venus einen Schattenwurf hervorbringen kann. So waren die Menschen wesensverbunden mit den Sternen. „Ein Stern" konnte auch immer eine Sternenkonstellation bedeuten, sowie wir noch vom „Stern über der Geburt eines Menschen" sprechen und damit die in Frage kommende Konstellation mehrerer Sterne meinen. So entstand vor den schauenden Augen der Sternenweisen ein neuer geistig-physischer Stern mit der Erde im Mittelpunkt, gebildet von der neuentstehenden Tierkreiskonfiguration, die dabei war, in die gegenüberliegenden Räume der Weltenachse einzutreten, um dort ihre neue Macht als Weltenstern zu entfalten.

Die Sternen-Urkonstellation der Winterwende und Weihnacht wird schon lange vor dem Geburtsgeschehen selber eine entscheidende Bedeutung für die Sternenweisen gehabt haben. Neben der aus einer schauenden Vergangenheit erlebten, besonderen Bedeutung der Sternenwende mußten sie doch immer auf diese Stunde im voraus hinschauen als den Geburtszeitpunkt eines Gottesmenschen. Zugleich wurde der Blick nach Westen gerichtet, in Richtung ihrer kommenden Wanderschaft. Im Westen erblickten sie im Geiste die göttlich-menschliche Erfüllung der Widderkräfte und das Aufgehen der neuen Fischewirkungen. Dieser Übergang mußte als ein besonders einschneidender und dramatischer erlebt werden. Einmal waren die Widderkräfte ein Ausdruck starker Willens-Erdenkräfte, gebunden an bestimmte Erdenlandschaften. Die Fische dagegen führten sofort in die unbegrenzten Weiten des Wassers. Noch einschneidender war dann, was in Übereinstimmung mit alten Überlieferungen erkannt werden konnte: Der Sonnenschritt vom Widder zu den Fischen entsprach im Menschen dem Übergang vom Kopf zu den Füßen. Das kommt einem Sprung über einen Abgrund gleich; entweder liegt das Nichts dazwischen oder ein Durchgang durch den ganzen Menschenkörper. Als ein besonders herausfordernder Gegensatz zur entstandenen Kopfes-Gedankentätigkeit des Widderzeitalters mußte das Erscheinen der tiefen Willenskräfte aus dem Fischebereich erlebt werden. – Bei wahrer Selbsterkenntnis ist es immer noch ein Problem des Gegenwartsmenschen, vom Kopfbereich in die Füße vorzudringen; es bedeutet: Wie verwirkliche ich meine Gedanken im willenshaften Tun? Das mußte von den Magiern aus dem Osten als ein Schritt über einen entstehenden Abgrund erlebt werden.

Zeitenwende 21.12. – 24 Uhr

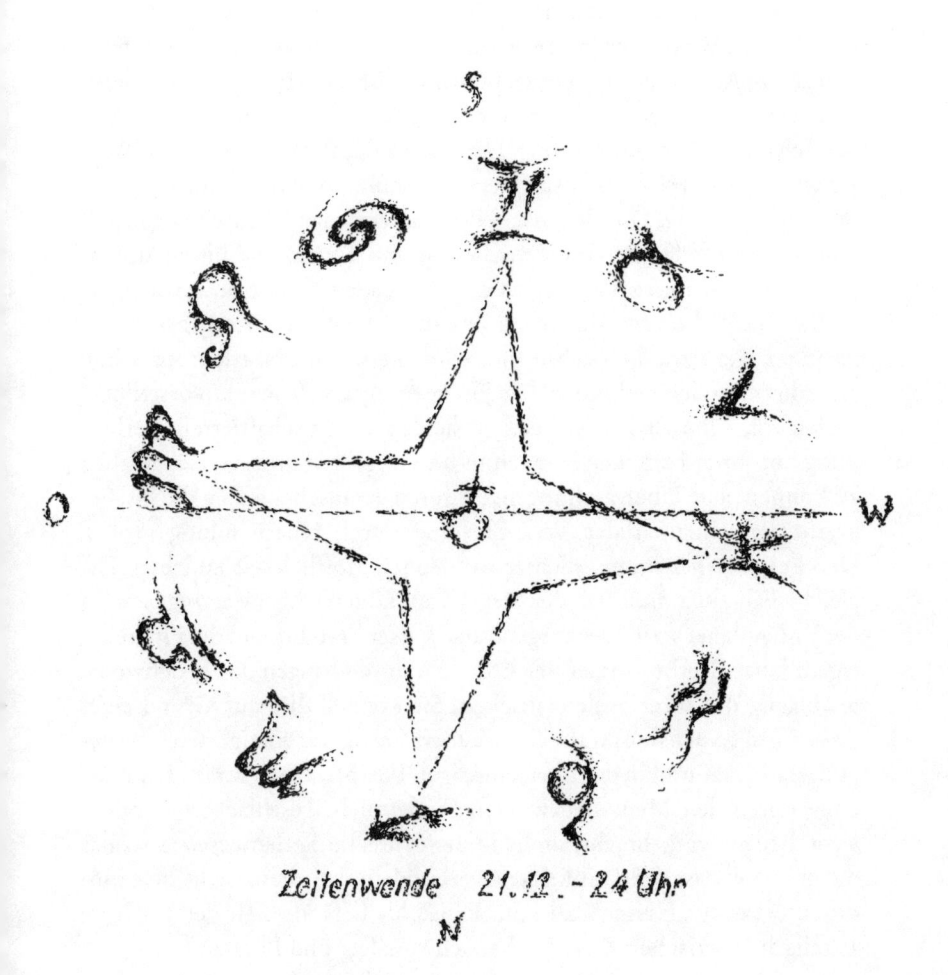

Die Kräfte der Fische enthüllen sich in Verbindung mit dem Wesen des Wassers. Bisher war dem Menschen dieses Wesen eigentlich verschlossen. Die Tiefen der Meere wurden als dunkle, unheimliche Abgründe erlebt. In früheren Jahrhunderten ergriff die Menschen eine Angst vor den unermeßlichen Weiten der Meere, wo sie vielleicht an unbekannten Grenzen von einem Abgrund verschlungen werden würden. Heute sind die Tiefen und Weiten der Meere bekannt; eine neue Wunderwelt der Wassertiefen hat sich dem Menschen eröffnet. Unter der Oberfläche entfaltet das Wasser ein faszinierendes Lichtspiel; es verschmilzt in immer neuen Farbtönen mit dem Licht. Die Gewässer bilden einzigartige Klangkörper, erfüllt von fortwährenden Rhythmen, Klängen und Tönen. Die Fische durchpflügen in mächtigen Schwärmen diese tönenden Räume und suchen die Weiten der Weltmeere. Ihr Leben vereint weit entfernte Kontinente miteinander, wie etwa die Lachse, die Nordamerika mit Nordeuropa schon seit Jahrtausenden verbinden. Die Fische dringen in bisher unvorstellbare Tiefen vor, – immer wieder bereiten sie den Wissenschaftlern in Verbindung mit ihren Fähigkeiten, auch in unerforschten großen Tiefen leben zu können neue Überraschungen. Dadurch veranschaulichen die Fischekräfte die Fähigkeit der Verleiblichung durch Überwindung großen Druckes, in einer immer dichter werdenden Stofflichkeit zu leben. Die gleiche Fähigkeit muß sich der Mensch auf höherer Ebene erringen. – Da der Erdenplanet weit überwiegend aus Wasser besteht, sind die Fische die eigentlichen Tierbewohner der Erde und durchdringen das Erdenwesen unablässig mit ihrer Seelenhaftigkeit. Sie können dies auf Grund einer gewaltigen Expansionskraft. Diese äußert sich in der einzigartigen Bewegungsfähigkeit und in der überschüssigen Fortpflanzungskraft. Bei Nutzung durch den Menschen werden Fische nicht geschlachtet, sondern eigentlich nur eingebracht, ähnlich einer Ernte. Ihr Seelenwesen ist so lose mit ihrer physischen Leiblichkeit verbunden, daß diese nicht den Eindruck erweckt „Fleisch" zu sein. Es ist, als befände sich der Fisch im astralisch-ätherischen Zwischenbereich von Tier und Pflanze.

Dem Sternbild der Fische gegenüber erscheint das langgestreckte Bild der Jungfrau. Die darin hellstrahlende Spica leuchtete zur Zeitenwende in der Jahresmitternacht nahe dem Erdhorizont. Durch die ungewöhnliche Größe des Jungfraubildes war ein Teil dieses Sternbildes schon seit einigen Jahrhunderten zur Jahresmitternachtsstunde bereits am Osthorizont untergetaucht. Doch zur Zeitenwende waren die entstandenen Sternz e i - c h e n schon wesenhaft geworden. Auch auf sie richteten die Weisen ihren Blick. Im Gegensatz zu dem schon eingetauchten Bild der Jungfrau erreicht das stark verkleinerte Zeichen erst viel später den Horizont. So glichen sich rhythmisch Bild und Zeichen in etwa aus. Gleichzeitig erhielten die Jungfraukräfte durch den Eintritt der Frühlingssonne in die Fische ein sonnenhaft-neues Gegenüber und konnten somit ihre ursprünglichen Kräfte wesenhafter entfalten.

Unzählig sind die Kunstwerke, die versuchen, das Wesen der Jungfraukräfte zu erfassen. Das weitverbreitete Wandgemälde aus Pompeji (Neapel, Nationalmuseum) zeigt eine mühelos schreitende, harmonische Frauengestalt. Sie trägt ein sonnengelbes Gewand mit weißem Umhang. Während sie gleichzeitig in einen tiefen Grünraum hineinschreitet, pflückt sie mit der rechten Hand Blütenzweige und sammelt diese in einem Korb, den sie mit der linken Hand hält. – Durch den immer wiederkehrenden Bezug zu den Blüten – hier verbunden mit dem Zugehen auf einen grünenden Lebensraum – wird versucht, das Wesen der Jungfrau zu erfassen. Die farbigen Blüten der Pflanzen haben sich aus zweidimensionalen grünen Blättern in ein entstehendes dreidimensionales Gebilde verwandelt. Sie streben danach, einen Innenraum zu formen. Die beginnende Innerlichkeit der Schalenräume, der farbigen Becher, der leuchtenden Sterne und bunten Kränze enthüllen den Bezug zu einem Unsichtbar-Seelenhaften. Dieser sonnenhafte Bezug ist der ins Übersinnliche verlaufende Lebensvorgang der verborgenen Seeleninnerlichkeit. Er veranschaulicht die Wesenkräfte der Jungfrau. – Die Innerlichkeit erfüllt sich mit weitergehender Wirklichkeit, wenn in dem Lebens-Seelen-Raum ein verkündigender Engel erscheint, in vielen Abbildungen der abendländischen Kunst dargestellt. In der „Verkündigung" Leonardo da Vincis – einem Jugendwerk (Uffizien, Florenz) – kniet der Engel gegenüber der vor einem aufgeschlagenen Buch sitzenden Maria. Der Verkündigungsengel hält aufgeblühte weiße Lilien in der linken Hand. Zwischen dem Engel und der Frauengestalt breitet sich eine blühende Blumenwiese aus. Die Innerlichkeit ist hier erweitert: Die das Leben mit der Seelenwelt verbindenden Wesen sind die Engel. Ihr Anblick ist verdichtete Innerlichkeit, gewoben aus Seele und übersinnlichem Leben. – Das Christentum hat letztlich zeigen wollen, wie diese Ursprungsinnerlichkeit auch dann bleibt, wenn die Jungfrau Mutter wird. Daher spricht es von der Jungfrauengeburt. Die junge Maria der sixtinischen Madonna von Raphael (Dresden) trägt das Kind auf ihrem Arm in demselben verinnerlichten Bereich von Leben und Seele, in dem der Engel erscheint. Das Kind ist zwar als physische Erscheinung da, ist aber in Wirklichkeit die sichtbar gewordene Seeleninnerlichkeit.

So stehen sich Fische und Jungfrau in Weltengegensätzen einander gegenüber. Die Fischkräfte durchdringen die Weiten der Erde; sie führen den Menschen in die p l a n e t a r i s c h e E v o l u t i o n hinein. Die Jungfraukräfte verwandeln das Mescheninnere in einen lebendigen Seelenraum und einen durchseelten Lebensbereich; sie führen die Lebenswirklichkeit in die m e n s c h l i c h e I n v o l u t i o n hinein. Der Anblick der Fische am Westhorizont mußte die Sternenweisen immer weiter nach Westen führen, dorthin, wo das Wasserelement des Mittelmeeres die Mittelmeerländer erschließt, um dann in das Weltmeer des Atlantischen Ozeans einzumünden. Die auf die Erde herabsteigenden Kräfte der Jungfrau enthüllten, daß ein Kind mit Fähigkeiten geboren werden würde, alle Sternen- und Menschenweisheit zur Verinnerlichung zu führen.

Das zur Jahresmitternacht hoch stehende Sternbild der Zwillinge war dabei, in den Kulminationsraum einzutreten. Das Wesen dieses Bildes wird durch zwei spielende Kinder dargestellt. Sie veranschaulichen die Doppelnatur des Menschen. Zugleich verbildlichen sie das Kindsein des Menschen, das sonst im Tierkreis nicht erscheint. Das Spielen der Kinder ist ein erster grundlegender Ausdruck der möglichen Freiheit des Menschen. Es verbildlicht eine Tätigkeit, die einen elementaren Freiheitsraum voraussetzt. – Die Doppelnatur des Menschen ist eine Eigenschaft, die in der Tierwelt nicht erscheint. Schon sehr früh als Kind erblickt sich der Mensch selber wie durch eine lebendig-seelische Spiegelung. Das kleine Kind nennt sich selbst mit seinem Namen, es erblickt sich selbst wie eine andere Person. Wenn es später „ich" zu sich sagt, ist die Doppelheit noch deutlicher. Um sich dann immer als „ich" zu bezeichnen, muß diese Doppelheit dauernd vorhanden sein; ohne sie gäbe es kein Ich-Bewußtsein. In diesem Kräftebereich der menschlichen Doppelnatur entwickelt sich auch das Denken des Menschen. In seiner ersten Form ist es Wiedergabe und Spiegelung (Reflexion). Die Aufforderung an den reifen Menschen: Erkenne dich selbst! (delphischer Spruch), kann nur verwirklicht werden, wenn es dem

Menschen gelingt, sich selber, wie einen anderen, fremden Menschen anzuschauen. Da wird es ganz offenbar, daß der Mensch ein zweifaches Wesen ist, das sich selber wie in einem Spiegel gegenüberstehen kann. Im Innern der menschlichen Seele ereignet sich das gleiche: „Zwei Seelen wohnen, ach, in meiner Brust", läßt Goethe den Faust sagen. Diese Doppelheit ist der Anlaß zu einer Seelenbewegung, die sich zum Drama des Menschen überhaupt gestaltet. Es entwickelt sich am Ende zur Suche nach der höheren Kraft, die das immer drohende Auseinandergehen der Doppelnatur zusammenführt und neu gestaltet: das höhere Menschen-Ich.

Die zentralen Zwillingskräfte in der Seele und im Geist des Menschen sind Weisheit und Liebe. Sie sind zunächst als eine Einheit wirksam: Durch die Liebe verbindet sich der Mensch mit der Welt, durch Weisheit lernt er sie verstehen. Im natürlichen Menschen gehen beide Vorgänge Hand in Hand, – wie Zwillingsgeschwister. Durch die Trennung beginnt das eigentliche Lebensdrama, das sich in den sich jeweils völlig widersprechenden Sätzen beschreiben und zusammenfassen läßt: Die Weisheit macht sehend. – Die Weisheit macht blind. Die Liebe macht sehend. – Die Liebe macht blind. Damit sind die vielfältigen Motivationen der eigentlichen Lebensschicksalsfelder des Menschen umrissen und sein notwendiges Streben, die immer auftretenden Widersprüche und Gegensätze durch eine übergeordnete Macht in eine Höherentwicklung hineinzuführen. – Im Hinblick auf die Menschwerdung des Göttlichen auf Erden, konnte es den Sternenweisen durch den Wesensaufblick zu den Zwillingen deutlich sein, daß die Menschwerdung auch zunächst nur in einer solchen Zwillingserscheinung auf der Erde stattfinden kann. Die auf der Erde ankommende himmlische Weisheit mußte auch die entstandene irdische Menschenweisheit umfassen, um für die Menschen verständlich zu sein. Die Erdenweisheit ist aber zugleich vergangene, abgeschlossene und erstorbene Weisheit. Sie muß sich zunächst für sich getrennt entwickeln und nicht die Verleiblichung und die Erscheinung der Gottesliebe stören, die in Ursprünglichkeit und Reinheit heranreifen soll. So konnten die Zwillingskräfte von Weisheit und Liebe in Gestalt von Kindern erwartet werden, die jeweils göttliche Weisheit und göttliche Liebe zur Erde bringen würden. Im freien Gegenüberstehen von Weisheit und Liebe in der Gotteswesenheit ist die Voraussetzung für das Aufgehen der Freiheit auch im Menschen geschaffen.

Ebenfalls als eine urbildliche Doppelheit von Kräften steht das Sternbild des

Schützen verborgen unter dem Erdplaneten den Zwillingen gegenüber. Denn ursprünglich war der Schütze ein Kentaur. Die Kentauren sind griechische Fabelwesen aus den Bergwäldern Thessaliens. Ihre Gestalt ist eine Zusammenfügung aus Mensch und Pferd: ein menschlicher Torso, übergehend in einen Pferdeleib. Als ein Kentaur besonderer Herkunft wurde der weise Cheiron seiner hohen Gerechtigkeit wegen in den Sternenraum des heutigen Schützen versetzt. Er war ein Heilkundiger, der Erzieher und Lehrer des Achilleus, dessen Vater er aus den Händen wilder Kentauren befreite und ihm eine unfehlbar treffende Lanze schenkte. Seine Unsterblichkeit verlor Cheiron-Kentaur dadurch, daß Zeus sie auf Prometheus übertrug.

Wie aus dem Anblick der zwei spielenden Kinder im Sternbild der Zwillinge ein Zukunftshinweis auf die menschliche Freiheit hervorgeht, erweisen sich die Kräfte des gegenüberstehenden Bildes als der genau entgegengesetzte Pol. Der Kentaur veranschaulicht die Einheit des Menschen mit der Tierwelt und damit das Eingebundensein des Menschenwesens bis zur Unfreiheit in die Welt der Natur. Aus dieser Einheit und Verbundenheit jedoch geht der menschliche Wille hervor. Er ist ein Ergebnis seiner individuellen Verbindung mit den Geschöpfen und der Schöpfung. So konnten die Griechen schauen, wie die Willenskräfte auf Achilleus übergingen und sein Vater die immer treffende Lanze erhielt; dadurch erscheint hier schon anfangsweise das Motiv des Schützen. Noch deutlicher tritt der auf die Zukunft gerichtete Wille in der Gestalt des Prometheus auf. Er ist der willenshafte „Vor-Denker", – er will und zielt in die Zukunft hinein. Damit sind die eigentlichen Kräfte des Schützen erreicht. Er verkörpert eine Kraft, die Tier und Mensch zu eigen ist: ein Ziel ins Auge fassen zu können. Das Tier tut dies aus Instinkt und Trieben. Aus den Willensimpulsen heraus tut es der Mensch zunächst auch. Die starken Schützekräfte werden im Menschen befreit, wenn Ziele ins Auge gefaßt werden, die nicht allein aus Instinkten und Trieben hervorgehen, sondern aus Ideen, Idealen und menschenbefreienden Vorbildern. – Mit der Christuserscheinung zu einer bestimmten Zeit und an einem bestimmten Ort der Erde hatten die Sternen-Schützekräfte beigetragen, das entscheidende Ziel der geistig-physischen Evolution von Menschheit und Erde zu erreichen.

So konnten die Sternenweisen zur Vorbereitung auf ihre Wanderung eine kommende Weltenkräftewende erkennen. Ein neuer Weltenstern wurde langsam sichtbar. Im Westen erhoben sich Kräfte, die immer mehr zur Durchdringung der Erdenweiten führen würden; im Osten stiegen die zur Geburt drängenden Ursprungsmenschenkräfte hernieder. In den Höhen begannen die göttlichen Kräfte von Weisheit und Liebe offenbar zu werden, während in den verborgenen Tiefen der gebundene Menschenwille auf ein ihn befreiendes Ziel hinblicken konnte.

Jupiter – Saturn und die große Konjunktion

Zur Erscheinung einer neuaufgehenden Weltentierkreiskonstellation gehören die Planeten, die Wandelsterne. Durch ihre stetig wechselnden Stellungen in den Sternbildern und neuentstehenden Bezügen untereinander vermitteln sie in rhythmisch-dynamischer Lebendigkeit die einstrahlenden Kräfte des Tierkreises. Als Planet gesehen ist hierfür die Sonne das anschaulichste Beispiel. Mit dem Eintritt der Sonne in das Bild der Fische wurde dieser Kräftebereich zum „Sonnenbild" des Tierkreises. Es mußte daher den Magiern als Sternenweisen zu einer besonderen Offenbarung werden, als in diesem Sonnen-Stern-Bereich ein sonst selteneres Ereignis im Jahr 7 vor Christus stattfand. In diesem Jahr ereignete sich die dreifach große Konjunktion der Planeten Saturn und Jupiter.

Die große Konjunktion selber entsteht durch das Zusammentreffen der beiden Großplaneten auf ihrer Bahn durch den Tierkreis. Für einen Umlauf benötigt Saturn etwa 30, Jupiter etwa 12 Jahre. Beginnen beide Planeten ihren Umlauf zu gleicher Zeit, so kommt es nach 20 Jahren zu einer Begegnung, zur Konjunktion. Nach dreimaligem Fortschreiten durch den Tierkreis, bei der vierten Wiederholung der Ausgangskonjunktion im 20jährigen Rhythmus, also nach 60 Jahren, treffen sich beide Planeten wieder an einer Stelle im Tierkreis, die in der Nähe der Ausgangskonjunktion liegt, jedoch um acht Grad in Richtung der Planetenbewegungen weiterbewegt. Dabei wird in den Tierkreis ein fast gleichschenkeliges Dreieck, ein Trigon, eingezeichnet. – Dieses Dreieck wird verdichtet und bereichert durch ein zweites Trigon, das nicht durch Konjunktion, sondern durch Gegenüberstehen, durch Opposition im gleichen Rhythmus entsteht. Dieses Trigon durchdringt das erste im genauen Gegenüber, so daß ein regelmäßiges Sechseck, ein Hexagramm, entsteht. Der Hexagrammstern wandert nun rhythmisch durch den Tierkreis, wobei im Verlaufe einer Umrundung ein zackenreiches Sternmuster in die Tierkreisrundung eingezeichnet wird.

In sehr unregelmäßigen Abständen und seltener Wiederkehr ereignet sich innerhalb des Fortschreitens des sich einzeichnenden vielfachen „Sternes" ein weiterer, ungewöhnlicher Vorgang. Es ist die dreifache Wiederholung der großen Konjunktion innerhalb kürzerer Zeit, etwa eines Jahres. Die schnelle Wiederholung eines sonst seltenen Ereignisses entsteht durch das Hinzukommen eines anderen Planetenrhythmus neben dem siderischen. Es ist der synodische Rhythmus. Während der siderische im Bezug zum Fixsternbereich (Tierkreis) erscheint, entsteht der synodische („zusammengehend") Rhythmus allein durch den Bezug der Planeten untereinander mit der Sonne. So ist etwa der Zeitpunkt von einem Vollmond zum nächsten ein synodischer Rhythmus. Die dreifache Wiederholung der großen Konjunktion bildet sich als Folge synodaler Rhythmen und führt zur Schleifenbildung von Saturn und Jupiter mit ihren Rückwärtswanderungen gegenüber ihrer Grundbewegung im Tierkreis. Durch die damit bedingten längeren Aufenthalte in einem Sternbild kann sich die Konjunktion dieser Planeten in diesem Bild rasch wiederholen.

Die besondere Raumes- und Zeitengestalt der dreifachen, schnellen Wiederkehr der großen Konjunktion von Saturn und Jupiter im neuen Sonnenzeichen der Fische im Jahre 7 vor Christus mußte eine Herausforderung an die Erkenntnisse und Erlebnisfähigkeiten der Sternenweisen werden. Insbesondere auch dadurch, daß der Planet Jupiter nach alter Sternenüberlieferung seine eigentliche Heimat im Kräftebereich der Fische hat.

Die Erscheinung der Verdreifachung der großen Konjunktion hat oft die Aufmerksamkeit beim Auftauchen der Frage nach dem Stern von Bethlehem auf sich gezogen. Sie hat auch Johannes Kepler beschäftigt. In neuerer Zeit wurde daher immer wieder die Frage gestellt, ob nicht die eigentliche Zeitenwende im Jahre 7 vor Christus anzusetzen sei, – in Übereinstimmung mit einer Identifizierung der dreifach großen Konjunktion mit dem Stern von Bethlehem. Besonders bestärkt wurde man zu dieser Annahme durch die bisher geltende Auffassung, König Herodes sei im Jahre 4 vor Christus gestorben. Da der Evangelist Matthäus die Flucht des Jesuskindes vor Herodes beschreibt, mußte angenommen werden, daß die Zeitenwende vor dem Jahre 4 lag. – Inzwischen ist eindeutig erkannt worden, daß Herodes etwa im März des Jahres 1 vor Christus starb. Ein entscheidender Beitrag zur Klärung dieser Frage erfolgte in dem Buch „Chronologie des Leben Jesu und des Zeitgeheimnis der drei Jahre" von Ormund Edwards (Verlag Urachhaus, Stuttgart). Aus ihm geht hervor, daß der Geburtszeitpunkt des von Matthäus beschriebenen Kindes in den Monaten vor dem Tod des Herodes lag. – Übrig bleibt die Klärung der Frage, welche Bedeutung in diesem Zusammenhang die große Konjunktion von Saturn und Jupiter hat.

Ein umfassendes Werk über das besondere Wesen der durch die Geschichte gehenden vielfältigen Rhythmen der großen Konjunktion der beiden Großplaneten hat Walther Bühler verfaßt: „Der Stern der Weisen" (Verlag Freies Geistesleben, Stuttgart). Das Werk stellt einen weitreichenden Beitrag zur kosmologisch-menschlichen Rhythmusforschung dar. Dem Werk kann entnommen werden, daß im Verlaufe der letzten 4 500 Jahre die Verdreifachung der großen Konjunktion sich 31mal wiederholt hat – in sehr unregelmäßigen Abständen –, durchschnittlich alle 140 Jahre. Von dieser Anzahl her gesehen läge kein Grund vor, dem Ereignis dieser Konjunktion im Jahre 7 eine besondere Bedeutung zuzumessen. Doch von den 13 Wiederholungen der verdreifachten Konjunktion nach der Zeitenwende fand keine einzige im Bild der Fische statt, nur eine ereignete sich auf der Grenze zwischen Fische und Widder im Jahre 967. Die Erscheinung des Jahres 7 im Sonnenzeichen der Fische stellt so einen gewichtigen prophetischen Hinweis dar auf das kommende Sonnen-Fische-Wesen des Christentums und zeitlich weiter reichend auf das Aufkommen eines Fische-Kulturzeitalters der Menschheit. Darüber hinaus konnte auch der Jupiter in den Fischen auf die Welt des Griechentums hinweisen, das seinen höchsten Gott als Planetengott Jupiter (Zeus) erkannte, der seine geistige Sternenheimat im Kräftebereich der Fische hat. Denn der griechische Kulturkreis war – besonders durch den Apostel Paulus – berufen, das Christentum in die Welt aufzunehmen und zu verbreiten.

Bisher ist nur einseitig auf das aufleuchtend Sternenhafte der großen Konjunktion von Saturn und Jupiter im Jahre 7 v. Chr. hingeblickt worden.

Es ist das Verdienst Walther Bühlers auf eine dazugehörige bedeutsame Erscheinung in dem bereits erwähnten Werk aufmerksam gemacht zu haben. Aus diesem geht hervor, wie die Verdreifachung der großen Konjunktion sich nach 6 bis 7 Jahren so auflöst, daß eine Reihe von Quadraturen – rechtwinklige Aspekte – entstehen. Beginnend vom Herbst des Jahres 2 bis hinein in das Jahr 1 v. Chr. ereignen sich im ganzen drei Quadraturen von Saturn und Jupiter. Sie stehen in einem astrologischen Wesensgegensatz zu den harmonischen Trigonen der großen Konjunktion selber und sind der dazugehörige andere Pol. Um die Bedeutung dieser Quadraturen zu ermessen, kann darauf hingeblickt werden, worauf die drei Sternenweisen zugingen und was sie fanden.

Wintersonnenwende und Sternen-Erden-Kind

Der Zeitpunkt der winterlichen Sonnenwende ist nicht nur im Hinblick auf die Sterne ein urbildlicher. Indem die Erde dieses Geschehen seit Jahrtausenden im Jahreslauf erfährt, erhält der Zeitpunkt auch für die Erdenwelt selber einen urbildlichen Charakter. – Der Fixsternhimmel wurde in früheren Zeiten als „Kristallhimmel" bezeichnet. Man sah in dieser Himmelserscheinung die zugehörige Gegenwelt zur kristallinischen Erde. Zum Zeitpunkt der Jahresmitternacht der Winterwende ist ein Teil des Erdenwesens wachend aufgeschlossen, um durch die vermittelnde Gestalt der kristallinisch-kosmischen Bildekräfte das Geistig-Wesenhafte des Kosmos aufzunehmen. Ein äußeres Bild dieser Gestalt ist der planetarische Frostprozeß eines Erdteils. Dieser Prozeß mit seinen Bildekräften ist zugleich der Ausdruck umfassender Himmelsweisheit. Die durch die Schöpfung in die Sterne hineingelegte Weisheit ist unendlich, – wie die Sternenwelt selber ohne Ende ist; daher auch das Unermeßliche der mit diesen Kräften verbundenen Weisheit. Ein bildhafter Abglanz der unüberschaubaren Kräftefülle kann erlebt werden, wenn sich der Mensch in den vielgegliederten Bereich der Schneeflockenformen und der Kristallographie vertieft. Hierbei kann er sich in der Überfülle der immer neu gestalteten Formen verlieren. Sie sind der Ausdruck eines unüberschaubaren Reichtums an Weisheit der Weltenbildekräfte.

Was für die Erde im Jahreslauf gilt, erweist sich auch am Menschen: Auch er wird bei seiner Geburt ein mikrokosmischer Ausdruck der Sternen- und damit der Jahreszeitenkräfte. Diese Tatsache hat unter anderem zu dem Mißverständnis geführt, daß es nicht die Sternzeichenkräfte sind, die die Menschen in bestimmter Art prägen, sondern die Jahreszeiten. Dabei wird übersehen, daß die verborgeneren Differenzierungen des Jahreslaufes ursprünglich ein Ergebnis der Sternenkräfte sind, in derselben Art wie sich gegenwärtig die wechselnden Jahreszeiten vordergründig als Ergebnis von Sonnenwirkungen zeigen. – Käme es nun bei der Geburt eines Kindes zur Zeit der Jahresmitternacht zu einem urbildlichen Gestaltungsgeschehen, würde dieses Kind durch die Vermittlung der gesammelten Bildekräfte das Geistig-Wesenhafte der Sternenfülle mit ihrer Weltenweisheit neben den schon im irdischen Erbstrom gereiften Weisheitskräften verinnerlicht in sich tragen. – Ein solches Kind fanden die Sternenweisen bei ihrer Ankunft in Palästina. Es ist daher verständlich, wenn Rudolf Steiner die Wesenheit dieses Kindes mit einem Namen umreißt, der in der Antike schon einen mythologischen Charakter trug und auf die Fülle höchster kosmisch-irdischer Weisheit hinweist: Zarathustra oder Zoroaster („Goldstern"). Sein historisch-mythologischer Ursprung muß in einer Zeit gesucht werden, die viele Jahrtausende vor dem Erscheinen des historischen Zarathustra im 1. Jahrtausend vor Christus liegt. Die Wesenserkenntnis dieses von den Sternenweisen gefundenen Kindes und das Wissen um dessen geistige Seelenbeziehungen zu Jesus von Nazareth ist in der Gegenwart nur durch die Aufschlüsse der geisteswissenschaftlichen Forschungen R. Steiners möglich geworden.

Das Sternen-Erden-Kind wird im Matthäusevangelium geschildert. Sein Wesen unterscheidet sich grundlegend von dem Wesen des im Lukasevangelium beschriebenen Kindes. Letzteres ist eindeutig aus Nazareth und wird daher auch Jesus von Nazareth genannt. Das Matthäusevangelium erwähnt Nazareth nicht und erweckt im weiteren deutlich den Eindruck, als sei Bethlehem die Heimatstadt dieses Kindes. So sehen es später auch die Legenden. Das Kind des Matthäusevangeliums könnte daher auch Jesus aus Bethlehem genannt werden. Beide Kinder sind in Bethlehem geboren. Die Eltern des Jesus von Nazareth waren zur Volkszählung von Nazareth nach Bethlehem gekommen; während ihres Aufenthaltes in dieser Stadt gebar Maria den Knaben Jesus. Er kehrte wieder mit seinen

Eltern nach Nazareth zurück; dagegen mußte das Kind des Matthäusevangeliums, Jesus aus Bethlehem, schon lange vorher nach Ägypten gebracht werden. Er wurde dadurch dem Zugriff des Königs Herodes entzogen, der aus Angst vor einem ihm nicht genehmen und ihn bedrohenden Nachfolger die in Betracht kommenden Kinder verfolgen ließ. Jesus aus Bethlehem war in höchster Gefahr, denn in der Liste seiner Vorfahren – dem Geschlechtsregister des Matthäusevangeliums – erscheint der Name des Königs Salomo. Durch seine königliche Abstammung war dieser Knabe der eigentliche Thronerbe, der weltliche König Israels. Er mußte daher dem Zugriff des Herodes entzogen werden. Weil der Name Salomos unter den Vorfahren des Matthäusknaben zu finden ist, wird er auch der salomonische Jesus genannt.

Obwohl Herodes dann im Frühling des Jahres 1 starb, kehrte der salomonische Jesus nicht in seine Heimatstadt zurück. Das schien immer noch zu gefährlich. Er siedelte mit seinen Eltern und Geschwistern nach Nazareth über. An diesem ruhigen Ort war er in Sicherheit. Sowohl die Eltern des Jesus aus Bethlehem als auch des nazarenischen Knaben trugen die gleichen Vornamen: Joseph und Maria. Der wesentliche Unterschied der beiden Familien in Nazareth bestand darin, daß Jesus von Nazareth keine Geschwister hatte. Diese zwei Familien lernten einander im Verlaufe der Jahre gut kennen; die Kinder spielten miteinander. Dabei entwickelte sich ein immer intensiver werdender geistig-seelischer Austausch zwischen den beiden Jesusknaben. Jesus von Nazareth bildete den ergänzenden Gegensatz und anderen Pol zum salomonischen Knaben: Er war die menschgewordene Liebe der göttlichen Welt. Daß diese Liebe auch in der Zeit der Winterwende zur Erde kam, ist ein Ausdruck des Zwillingsaspektes von Weisheit und Liebe. Alle wahre Weisheit ist Erkenntnis-gewordene Liebe. Aber auch die Liebe kann Liebe-gewordene Weisheit sein. Die sich fortwährend gegenseitig durchdringenden Vorgänge zwischen Weisheit und Liebe ereignen sich, mächtig vertieft, zwischen den beiden Jesuskindern. Der königliche Knabe konnte durch die aufgenommene Liebe die Weisheit immer mehr verinnerlichen; Jesus von Nazareth konnte durch die aufgenommene Weisheit der Liebe eine irdische Seelenstruktur geben. Die Ereignissse begleiten den Weg der Kinder zur entscheidenden Erdenreife und schaffen die göttlich-menschlichen Voraussetzungen für diesen Lebensumschwung.

Das Erreichen der menschlichen Erdenreife ist immer verbunden mit einem Sterbevorgang. Der Übergang von der Kindheit zur Jugend – begleitet etwa durch die Konfirmation – bedeutet, daß die Kindheit stirbt und den Raum für die neuankommenden Jugendkräfte freigibt. Der Mensch verläßt die Kindheit nur ungern. Er erlebt unbewußt wie die Fülle der vorgeburtlichen Kräfte dem Kindsein besondere Entfaltungs- und Freiheitsmöglichkeiten gibt: Gehen, Sprechen und Denken sind Fähigkeiten, die nur aus umfassend-kosmischen Weisheitskräften heraus entstehen können. Durch einen Sterbevorgang verwandeln sich diese Ursprungskräfte an der Schwelle zum Jugendsein in neue Fähigkeiten. Daß aber der himmlische Bezug der Kindheit zu den Sternenkräften wiederhergestellt werde, darauf weist das Evangeliumwort, daß die Menschen wieder zu Kindern werden müssen. – Der Vorgang im Menschen entspricht einem Weltengesetz: Die entstandene Weisheit muß sich immer dem Fortgang der Welt opfern, auch wenn die Weisheit kosmisch-umfassend und göttlicher Art ist. Im salomonischen Jesusknaben vollzog sich ein solch hohes Opfer: An der Schwelle zur Erdenreife vermag er sein Sternen-Weisheits-Wesen, das in sich verborgen sein Ich trug, der göttlichen Wesenheit des Jesus von Nazareth zu opfern. So veräußerte sich die Ursprungsweisheit nicht. Sie verblieb im Strome der Verinnerlichung.

Das äußerliche abschließende Ereignis dieser Wesensopferung beschreibt das Lukasevangelium. Die beiden Jesuskinder werden zum Vollzug und zur Feier ihrer Erdenreife in den Tempel nach Jerusalem gebracht. Nachdem die Eltern des Jesus von Nazareth den Tempel zur Rückkehr nach Nazareth wieder verlassen hatten und schon unterwegs sind, entdecken sie erst am dritten Tag das Fehlen ihres Sohnes. Sie hatten zunächst angenommen, er reise zusammen mit Verwandten. Als die Eltern Jesus dann im Tempel entdecken, befindet er sich – zum Erstaunen aller – im weisheitsvollen Gedankenaustausch mit den Schriftgelehrten. Im anschließenden Gespräch mit ihrem Sohne, können die Eltern nicht verstehen, was eigentlich geschehen ist: „Doch sie verstanden nicht das Wort, das er zu ihnen sprach" (Lukas 2,50). Eine mystische Tatsache hatte sich ereignet: Jesus von Nazareth war verwandelt. Durch die Geschehnisse im Tempel trug er das Wesen des königlichen Jesus aus Bethlehem in sich. Dieses Geistesopfer des salomonischen Knaben führte dann einige Zeit später zu seinem Tode.

Die große Konjunktion zwischen Saturn und Jupiter veranschaulicht im äußeren Sterngeschehen, was der Mensch in Verbindung mit dem Wesen der Weisheit innerlich durchlebt. Es ist ein seelischer Lebensvorgang mit immer neuen dramatischen Wendungen. – Jupiter ist der Planet der Weisheit, Saturn der des Schicksalvollstreckers und des Todes. Der Mensch erwirbt sich durch Arbeit Einsicht, Erkenntnis und schließlich Weisheit. Doch er muß immer wieder erfahren, wie das Wesen der Zeit verlangt, erworbene Weisheit zu verwandeln. Einmal entstandene Weisheit verliert leicht ihre Bedeutung und wird überholt. – Die Römer identifizierten den griechischen Gott der Zeit, Kronos, mit ihrem Saturnus, dem Planetengott Saturn. Der Planet Saturn kann als äußeres Abbild der entstandenen und entstehenden Zeit angesehen werden. Was am Himmel als das Aufbauen der großen Konjunktion erblickt wird, ist ein Bild des Werdens von Weisheit in Übereinstimmung mit der sich entwickelnden Zeit. Der durch den Tierkreis hindurchwandernde Hexagrammstern ist ein Ausdruck des Weisheitslebens der Menschheit und zugleich eine übersinnliche Quelle dieses Lebens. Erscheint die Verdreifachung dieser Konjunktion am Himmel, gleicht sie dem Entstehen einer leuchtenden Weisheitsblüte im Fortschreiten der Menschheit. Den Sternenweisen konnte die besondere Konjunktion des Jahres 7 sagen, daß sich im Übersinnlichen eine mächtige Weisheitsoffenbarung ereignet, die in das kommende Sonnenwesen der Fische hineinführt. Es entsteht die Frage: Warum findet die zukunftsweisende Konstellation nicht zur selben Zeit statt wie die Geburt des von den Sternenweisen gefundenen Kindes?

Der erwähnte Hinweis W. Bühlers stellt eine indirekte Antwort auf diese Frage dar. Er betrifft die Auflösungsphase der großen Konjunktion des Jahres 7. Sie besteht in den drei Quadraturstellungen von Saturn und Jupiter und erfolgte in den beiden Jahren vor der Zeitenwende. Die erste ereignete sich im Herbst des Jahres 2 vor Christus. Da es Mitte Oktober war, würden wir heute von der Michaelizeit sprechen. Die zweite entstand Anfang April im Jahre 1, also entsprechend der heutigen Passions- und Osterzeit; die dritte Quadratur entwickelte sich in der zweiten Augusthälfte desselben Jahres. – Das Wesen der Quadratur wird durch den rechten Winkel veranschaulicht. Er ist ein Sinnbild des Irdischen und des Erstorbenen; im Sternbereich der Aspekte stellen Quadraturen Hindernisse dar, indem sie eigentlich als Fremdkörper in allen sternartigen

Mustern mit ihren vielfältigen Trigonenformen erscheinen. Die in den Jahren 2 und 1 im Jahreslauf verteilten Quadraturen sind Züge der begleitenden Sternenschrift, die auf den sehr frühen Todesweg des sich zur Geburt anschickenden, königlichen Jesusknaben weisen. Das Aufleuchten des „Konjunktionssternes" enthüllte dagegen die überwiegend übersinnliche Geburt: Die Weisheit des Jesus aus Bethlehem trat nicht im Bereich des Irdischen annähernd in Erscheinung. Sie blieb verborgen und verwandelte sich im Opfergang hin zum Jesus von Nazareth. Darüber hinaus konnte sie sich nicht im erdenmenschlichen Sinne verleiblichen, da der Körper des königlichen Knaben vom irdischen Plan hinweggenommen wurde, bevor die Schwelle zur Jugend überschritten war. – Die übersinnliche Geburt dieser Wesenheit zeigte sich als strahlendes Sternenereignis sieben Jahre vor seiner Erdengeburt. Sie wurde in der geistigen Welt so vorbereitet, daß sich im geistig-organischen Verlaufe des Rhythmus der sieben Jahre daraus eine irdische Gestalt entwickeln konnte. Die Erdenankunft selber war eigentlich eine Geburt in das Sterben hinein. Das Opferwesen dieser Geburt, die dramatische Begegnung zwischen Gottesweisheit und erstorbenem Menschenwissen, und die weiteren bedrohlichen Ereignisse im kurzen Leben des Weisheitsträgers Jesus von Bethlehem werden am Himmel durch die Fügungen der drei Quadraturen von Saturn und Jupiter zukunftsweisend vorbereitet.

Die sich Palästina nähernden Sternenweisen hatten zur Jahresmitternachtsstunde das Bild der Zwillinge im Südwesten vor sich. Einige Stunden vor Mitternacht, in den späten Abendstunden, steht dieses Bild als Ergebnis der Tagesbewegung noch genau im Zenit. Hier befand sich der Saturn; er war im Verlaufe der sieben Jahre von West nach Ost durch die Jahresbewegung vom Bild der Fische in das der Zwillinge geführt worden. In diesen späten Abendstunden zieht dieser Planet mit der Tagesbewegung zu der Zeit durch den Zenit, in der die Sternenweisen sicherlich noch gewandert sind, um der Hitze des Tages auszuweichen. Der Planet der Schicksalsvollstreckung und des Todes stand im Bereich der beweglichsten Lebensvorgänge, veranschaulicht durch zwei spielende Kinder! Zugleich stand er im Bereich alles dessen, was sich im dramatischen Geschehen zwischen Weisheit und Liebe ereignet. An dieser Himmelskonstellation konnte abgelesen werden, daß nur der Tod als Schicksalsvollstrecker die Zwillingskräfte von Weisheit und Liebe in ihren göttlichen Erscheinungen zu einer einheitlichen Gottesgestalt für die Menschen würde führen können. Kein dramatischerer Gegensatz als der zwischen den Ursprungs-Todes-Kräften des Saturn und den ewig jungen Kindeskräften der Zwillinge konnte am Himmel gesehen werden.

Irdisch gegründet und befestigt wurde diese Todes-Lebens-Konstellation durch den Jupiter, der im genauen rechten Winkel hierzu im Sternbild Jungfrau stand. Dieser viel schneller laufende Planet hatte während der sieben Jahre den ganzen sichtbaren Himmel überquert und stand nun ganz im Osten in Opposition zu seiner vergangenen Stellung bei der großen Konjunktion in den Fischen. Der Jupiter enthüllte, daß dieses von den Weisen gesuchte Kind zunächst ein Ausdruck der Jupiterweisheit sein würde. Weisheit und Erkenntnis haben – als irdische Erscheinungen – immer die starke Tendenz, sich offenbarend nach außen zu zeigen. Durch die Verinnerlichungskräfte der Jungfrau würde das nun zu erwartende Kind die Weltensternenweisheit durch Opferhandlungen in die Innerlichkeit der Vergöttlichung führen. Die Quadratur zum Saturn zeigte an, daß dies im Erdenbereich nur im Durchgang durch die Sphäre des Sterbens geschehen würde. In derselben Abendstunde sahen die Weisen vor sich im Westen das Bild der Fische. Der Jupiter hatte nach der großen Konjunktion diesen Bereich zwar verlassen, doch geistig verblieb sein Wesen mit den Kräften der Fische verbunden, da der Planet in diesem Sternenbereich urständet. Bei seinem Verweilen im Bilde der Jungfrau, das – astrologisch gesehen – für ihn eine Art Vergeistigung bedeutet, stand Jupiter somit seinen eigenen Ursprungskräften und damit dem Feld seiner Entfaltung sieben Jahre vorher polar gegenüber. – Zugleich wurde dieser Jupiter-Fische-Bereich durch den Eintritt der Sonne zum Frühlingspunkt in die Fische sonnendurchdrungen; er wurde der Fische-Sonne-Jupiter-Stern, dem die Weisen zustrebten. – Im engeren Sinne war die Quadraturstellung von Saturn in den Höhen der Zwillinge mit Jupiter in der Jungfrau „der Stern im Osten" und das geistig-sonnenhafte Aufstrahlen der Fische im Westen der „Stern von Bethlehem". – Die dreifache Wiederholung dieser enthüllenden Quadraturen bestätigen den Ernst und die Eindringlichkeit der leuchtenden Sternenschrift. Die Weisen aus dem Morgenland konnten die Sternanschrift lesen und befolgten die Aufforderung, auf der Erde zu suchen, was die Sterne offenbaren.

O ———— Zeitenwende ———— W
21.12.-22 Uhr

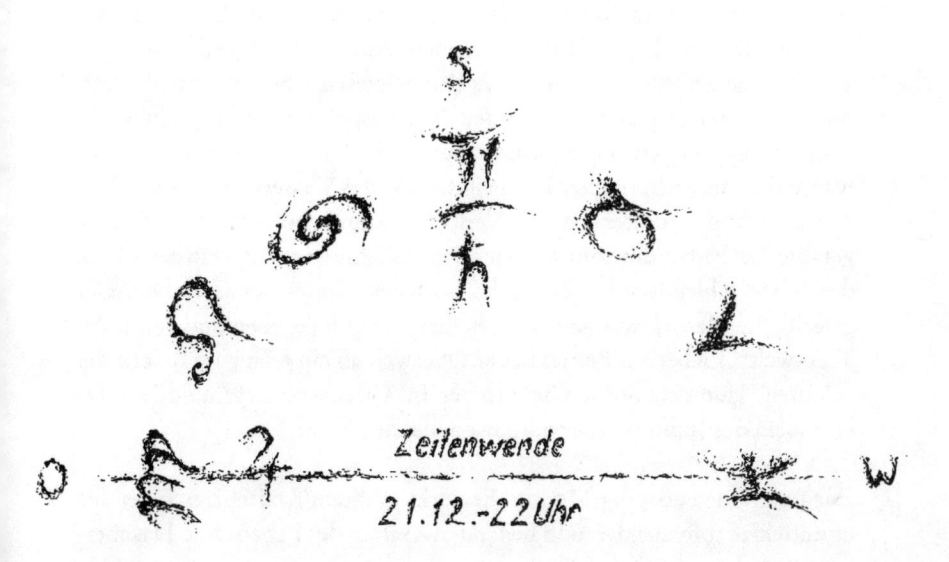

Der schon angeschaute Weltenstern als neue Tierkreiskonstellation vertieft sich weiter, wenn auch die anderen wesenhaften Zugehörigkeiten der Planeten zu den Sternbildern hinzugesehen werden. Jeder Planet hat einen Tages- und einen Nachtaspekt. So gibt es auch eine Tagerde und eine Nachterde. Aus der unmittelbaren Erfahrung kann jeder Mensch diese beiden Erdenaspekte erleben und unterscheiden. Außer Mond und Sonne (als Planeten) zeigen alle Planeten dieses Doppelwesen. – So zeigt das Verhältnis des Jupiters zu den Fischen den Nachtaspekt; diese Weisheit wirkt überwiegend im verborgenen. Entsprechend sind wir erst in der Gegenwart dabei, die verborgenen Weisheitsschätze des Wassers zu erfahren. Der Tagesaspekt des Jupiters ist sein Verhältnis zum Schützen: Das ins Auge gefaßte Ziel bedarf des Sonnen- oder Geisteslichtes! Das ist auch das Wesen des Blitze-schleudernden Zeus, des höchsten Gottes der Griechen. Der griechische Mensch war ganz dem hellen Licht hingegeben und damit der Tageswelt: „Lieber ein Bettler in der Oberwelt als ein König im Reiche der Schatten" lautet ein Spruch bei Homer. Im Griechentum schuf dieser Tagesaspekt des Jupiters eine weltumspannende Kultur.

Zur Jungfrau gehört der Merkur. Er wirkt in ihrem Kräftebereich bei den unmittelbar aufbauenden und heilenden Kräften des Lebens mit. Das merkurielle Leben ist mit den Wirkungen der sichtbaren Sonne eng verwandt. Der Nachtaspekt Merkurs erscheint in den Zwillingen. Hier wirkt dieser Planet in den Spiegelungsvorgängen innerhalb der immer neu entstehenden Doppelheiten der Zwillingskräfte. Sie finden sich vor allem im reflexiven Denken des Menschen, das zunächst ein schattenhaft-dunkler Vorgang ist. In seiner entwickelten Gestalt, als Wirklichkeits- und Wahrheitserkenntnis wird das Denken auch zu einer heilenden merkurialen Kraft. Der römische Planetengott Merkurius wurde als Götterbote erlebt. Sein Vorläufer in der griechischen Welt war Hermes, und im noch früheren ägyptischen Kulturbereich war der dreimal große Hermes der Begründer umfassender Mysterien. Die unmittelbare Verwandtschaft des Hermes als Götterbote mit der Jesusgestalt zeigt sich in den Darstellungen des Widder-tragenden Hermes als Bild des guten Hirten. So erscheint die heilende Merkurbeziehung in ihrem Tages- u n d Nachtwesen im neuen Welten-Tierkreisstern als Prophezeiung und Offenbarung des kommenden Heilands.

Zeitenwende
27.12.-24 Uhr

Widdertierkreis und Fischekosmos

Bei der Jordantaufe des Christus begannen die Kräfte dieses neuen Weltensternes in den Worten und Taten des Jesus von Nazareth wirksam zu werden; zugleich umgaben sie ihn als eine leuchtende Wesensaura. Damit begann das eigentliche Christuswirken auf der Erde. Der Übergang vom Jesuswesen zum Christuswirken war zugleich das Hinüberführen und Verwandeln der Mensch-gewordenen Widder-Tierkreis-Gestalt in die Gestalt des Fische-Tierkreises. Bevor dies geschehen konnte, hatte sich ein weitreichendes, kosmisch-irdisches Ereignis vollzogen, das für das Verständnis des Menschenwesens die allergrößte Bedeutung erhielt: Der Wesensgang der Sonne brachte mit dem vollzogenen Durchlaufen des Widderbildes eine Weltgestaltung zu Ende, die am Menschen offenbar wurde. Der Lauf der Sonne durch das ganze Platonische Weltenjahr, von den Fischen bis zum Widder, erscheint in der mikrokosmischen Entsprechung am Menschen als der Durchgang durch die volle Menschengestalt, von den Füßen bis zum Kopf. Das Erreichen des Kopfes stellt das Ende dar.

In der Frühzeit des astronomischen Widderzeitalters (Abraham) erblickt man noch die lebendigen Wirkungen der Sternenwelt. Sie steigern sich immer mehr im Zurückgehen in die Vergangenheit durch die Bilderphasen des Weltenjahres. Im Verlaufe der fast 26 000jährigen Sternenwirksamkeit erhält so der Mensch durch deren Wirkungen eine bestimmte Gestaltung. Sie ist eine Folge des Widdertierkreises. Mit dieser Bezeichnung ist das Strukturergebnis dieses zu Ende gekommenen vollständigen Durchganges durch den Tierkreis gemeint. Der Abschluß dieser Gestaltung ereignet sich zur Zeitenwende. Der daraus hervorgehende Mensch wird aus seinem Zusammenhang mit dem Kosmos entlassen; er steht davor, ein völliges Erdenwesen zu werden. In diesem Zusammenhang erscheint Jesus von Nazareth. In seiner Menschwerdung gestalten sich göttliche Liebe und Weisheit in Übereinstimmung mit dem irdischgewordenen Menschenwesen der Zeitenwende. Schon die Tatsache, daß Jesus von Nazareth in einem irdischen Erbstrom steht, zeigt dies an. In seiner Menschwerdung bringt er überdies urbildlich zum Ausdruck, was der wahre Mensch im Verlaufe der verflossenen fast 26 000 Jahre geworden ist. Insofern kann Jesus von Nazareth der „Menschensohn" genannt werden. Wenn Johannes der Täufer ihn nun als „Gottes Lamm" (Johannes 1,36) bezeichnet, so wird damit zugleich darauf hingewiesen, daß die Erscheinung des Jesus von Nazareth die Gestalt-gewordene Erfüllung des Widdertierkreises ist.

Diese Tatsachen machen es verständlich, daß die vorchristliche Menschenkunde im Lichte der Sternenweisheit eine sehr umfassende war; mußte sie doch Kenntnis davon haben, daß eine Gestaltungsrunde von 25 920 Jahren am Menschen seinem Ende und damit auch einer Vollendung entgegenging. Das Bild dieser abgeschlossenen und vollendeten Menschengestaltung wurde von der Astrologie innerhalb der alten Sternenkunde übernommen und aufbewahrt und ist Gegenstand astrologischen Forschens bis in die Gegenwart.

Der Herabstieg des Christus geschah zugleich mit dem Anfang einer neuen kosmischen Runde der Sonne im Platonischen Weltenjahr. Er verwandelte den beginnenden neuen Sonnendurchgang in einen neuen Schöpfungsbeginn. Dadurch, daß sich dieser im Fischebereich ereignet, sind es die Füße des Menschen, die von dem Neubeginn berührt werden. Das wird in einmaliger Größe deutlich durch die Schilderung der Fußwaschung im Johannesevangelium (Johannes 13), die den Platz einnimmt, wo in den anderen Evangelien die Einsetzung des Abendmahles stattfindet. Daneben ist es charakteristisch, daß die ersten Christen als diejenigen bezeichnet werden, „die auf dem Wege sind". Es sind die Menschen, die ihre Füße – als untersten Willensbereich – bei der Teilnahme an einer neuen Offenbarung benutzen. Der Übergang von den Widderkräften zu denen der Fische war zugleich der Übergang von einem alten Welten-Kräfte-Kosmos zu einem neuen. Er führte über den Abgrund des Nichts. In Jesus überschritt der Christus diesen Abgrund durch Tod und Auferstehung; die alte – kosmisch veranlagte – Menschengestalt wurde in eine neue verwandelt. Der neue Mensch in Christus wurde das Gestaltvorbild, das von den nachfolgenden Menschen durch die folgenden und kommenden Jahrtausende hindurch errungen werden soll. Christus nahm den sich zukünftig bildenden Kosmos vorweg.

Die Dramatik dieses Überganges ist bis in die Gegenwart hinein intensiv erlebt worden. In seiner Erzählung „Der Fischzug" beschreibt der expressionistische Dichter Theodor Däubler (1876–1934) diese Kosmoswende, wie sie in den darauffolgenden Geschichtsereignissen überzeitlich-symbolisch erlebt werden kann. Dabei erkennt er die entstehende Gefahr, die durch das Festhalten unverwandelter alter Widderkräfte im christlich-religiösen Leben der Menschheit entstanden ist: „Denkt an den Fischzug im Meer von Tiberias. Die Fische sind Sterne künftiger Christenzeit. Noch weidet Petrus des Herrn Schafe. Das ist eigentlich die Nacht ohne Fischzug. Solange die Sonne zu Ostern im Widder steht. Bald aber wird die fischlose Nacht vorbei sein. Roms Widderherrschaft weicht vor der Auferstehung Christi im Zeichen der Fische. Dann haben wir Ostern in den Fischen."

Weltenstern, Jahreslauf und Erdhemisphären

Die Erde als Planet ist eingebettet in den Kräftezusammenhang der Sternenwelten. Dieser Zusammenhang hatte eine bestimmte Struktur als Weltenstern zur Zeitenwende und war ein Ausdruck der waltenden Hierarchien. Das Sternenkreuz bildete die kosmisch-irdische Umgebung für den Niederstieg des Jesuskindes und des Christus. Auf der Erde selber schließen sich die Sternenwirkungen mit dem irdischen Jahreslauf zusammen. Das initiierende Weihnachtsereignis zur Zeitenwende fand auf der nördlichen Erde statt, auf der die Kräfte des Jahreslaufes in der Art wirksam waren, daß ein besonderes Verhältnis zwischen diesen Kräften und dem Sternenwalten entstand: Die kristallinisch gestaltbildenden Kräfte der beginnenden Winterzeit führten zur irdischen Leibbildung in Übereinstimmung mit der besonderen hierarchischen Kräftestruktur, die in den Sternenkonstellationen zum Ausdruck kam. Innerhalb dieser geistig-physischen Bedingungen fand die beginnende Leibwerdung des Christus statt. Durch die folgende stetige Wiederholung des Weihnachtsereignisses im weiteren Verlauf der christlichen Entwicklung und Ausbreitung auf der Erde wurde dieser geistig-physische Verleiblichungsvorgang auf dem Hintergrund bestimmter Himmelskräfte vertieft und erweitert.

Nachdem die Anwesenheit des Christus auf der Erde immer mehr zu einer globalen Erfahrungstatsache geworden war, fiel es den christlichen Kirchen nicht schwer, die Feste auf der südlichen Halbkugel zur selben Zeit zu feiern, wie auf der nördlichen. Diese Einstellung wurde auch dadurch besonders unterstützt, daß das Christentum stark retrospektiv wurde und die Feste als Erinnerungsanlässe gefeiert wurden. Der tiefere Zusammenhang zwischen dem natürlichen Jahreslauf und den christlichen Festen war weitgehend verlorengegangen. – Erst R. Steiner hat diesen Zusammenhang durch eine größere Anzahl gewichtiger Darstellungen wieder voll hergestellt. Insbesondere durch seine Ausführungen konnte die Frage neu aktualisiert werden, wie es sich verhält, wenn die christlichen Feste nicht in Übereinstimmung mit dem Jahreslauf der Nordhemisphäre gefeiert werden.

Aus den vorangegangenen Schilderungen konnte deutlich werden, wie das gegenwärtige Feiern dieser Feste in Übereinstimmung mit dem Jahreslaufdatum des ursprünglichen Weihnachtsfestes eine Konstellation zwischen Erde und Sternen herbeiführt, die der initiierenden Konstellation zur Zeitenwende wesensgemäß entspricht. Auch heute noch ist die Erde im Zentrum des aufgezeigten Weltensterns. Blickt der Mensch in der Weihnachtsnacht auf die Offenbarung in den Höhen, wird sein Blick auf die kulminierenden Sternbilder von Zwillinge und Stier gerichtet sein. Die gleichen Bilder erscheinen in der Weihnachtsnacht auch auf der südlichen Erdhemisphäre. Allerdings mit einem wichtigen Unterschied: Sie erscheinen sehr viel tiefer am Himmel, stehen aber noch am höchsten gegenüber den anderen Bildern. Diese Stellung ergibt sich aus der sommerlichen Lage der Ekliptik gegenüber der südlichen Erde. Der Blick des Menschen von der Erde in die Himmelsweiten in der Weihnachtsnacht ist also wesenhaft gleich auf der ganzen bewohnten Erde. In den unbewohnten Gebieten an den Erdpolen ergeben sich jahreslaufmäßig extreme Verhältnisse: Die Ekliptik sinkt immer weiter abwärts und tendiert zur Vereinigung mit dem Horizont.

Die Tatsache dieser sinnenfälligen Gleichheit für die ganze Erde deutet auf einen Zusammenhang, auf den besonders in dieser Schrift hingeblickt wird: Das Christentum hat für die Gegenwart wieder einen bewußten kosmischen Charakter angenommen und kann nur auf dem Hintergrund und im Zusammenhang wirkender Himmelskräfte voll verstanden werden. Etwa im Weihnachtsereignis kann das besondere Verhältnis zwischen Erde und Sternen aufgezeigt werden, indem der Jesus Christus sich auf die Erde und in den Erdenumkreis begeben hat. Dieser Vorgang ist historisch abgeschlossen, entwickelt sich aber zugleich weiter durch jedes Weihnachtsfest: Ein entsprechender Niederstieg und eine fortschreitende Verleiblichung finden statt. Denn der Christus hat sich durch Tod und Auferstehung auf der Erde nicht nur mit dieser völlig verbunden, wodurch er zum Geist der Erde wurde, sondern ist nach seiner Himmelfahrt auch zum Geist des Universums geworden. Nur so konnte er das kosmisch-pfingstliche Feuer auf die Erde schicken und sich in der Apokalypse des Johannes als derjenige offenbaren, der die sieben Sterne in seiner Hand hält. Damit zeigt er sich als der Herr der Himmelskräfte. Aus dem Bereich dieser Kräfte verleiblicht er sich immer erneut zum Weihnachtsfest, und die Christenheit blickt hinauf zu den Offenbarungen aus den Höhen.

Daß es sich aber nicht nur um eine alleinige Wiederholung der Zeitenwendekonstellation von Erde und Sternen handelt, zeigt die Veränderung dieser Konstellation als Folge der Präzession. Im Verlaufe der verflossenen fast 2 000 Jahre wanderte in der Jahresmitternachtsstunde der größte Teil des Zwillingesternbildes durch den nächtlichen Zenit von West nach Ost. Diese Bewegung zeigt, wie immer an die Urkonstellation zu jedem Weihnachtsfest angeschlossen wird, wie aber auch zugleich langsam wichtige Veränderungen innerhalb dieser Konstellation stattfinden. Durch das bewußte Erfassen der fortschreitenden Veränderung im Verhältnis der Erde zum Himmel erscheint diese Bewegung als Ausdruck einer stetigen Entwicklung des Weihnachtsereignisses.

Der Aufblick zum Sternenhimmel auf der südlichen Hemisphäre in der nächtlichen Weihnachtszeit zu Sommerbeginn zeigt den niedrig stehenden Tierkreis. So wie die niedrig stehende Sonne in der Winterzeit der Ausdruck für die zurückgenommenen Sonnenkräfte ist, weist die niedrig stehende Ekliptik auf die Tatsache, daß mehrere Sternbilder des Tierkreises zu Weihnachten nicht auf der südlichen Erde sichtbar werden. Damit sind sie auch weniger wirksam. Auf Grund der besonderen Einbindung in den Kräftebereich der Ekliptik, steht der Tierkreis der Erde wesensmäßig näher als die übrigen Fixsterne. Durch einen niedrig stehenden Tierkreis, verbunden mit dem Fehlen mehrerer dazugehöriger Sternbilder, wird der Raum für die übrige Fülle der Fixsterne mit den besonderen Bildern am Südhimmel freigegeben. Sie führen das Erleben über den Tierkreis hinaus in eine erweiterte, aber auch fremdere kosmische Erfahrung, die erst durch das Weihnachtsgeschehen auf der südlichen Erde christlich vermenschlicht wird. Im Blick auf die Christ- und Jesusgeburt kann diese Tatsache daran erinnern, daß im Christentum immer auf ein zweifaches Geburtsereignis hingeblickt worden ist: die Geburt in der Ewigkeit und die in der Zeit, oder die Geburt im Kosmos und die auf der Erde. Das bisherige weihnachtliche Geburtserlebnis bezog sich gewiß überwiegend auf die Erde und die Zeitlichkeit. Aber in der Gegenwart erfährt diese Geburt eine entscheidende Erweiterung und wird nicht verständlich, wenn nicht zugleich der dargestellte kosmische Bezug erkannt wird. Das Geburtsereignis wird sich im nur historischen Rückblick verlieren und nicht das Fortschreitend-Gegenwärtige mit einbeziehen. Auch auf der nördlichen Hemisphäre, wo ein natürlicher jahreszeitlicher Bezug zur Christ- und Jesusgeburt vorliegt, wird der kosmische Aspekt hinzuerlangt werden müssen. Das beginnt schon zu entstehen, indem die Menschen auf der nördlichen Erde immer stärker die Verhältnisse auf der südlichen im Bewußtsein haben, nachdem dies lange Zeit eher umgekehrt war.

Durch das Weihnachtserleben auf der Südhemisphäre wird das Geistesbild des in Ewigkeit geborenen Sohnes in den Vordergrund treten. Diese Anschauung bestätigt sich auch durch das gleichzeitige Erleben der sommerlichen Natur, die den Menschen auf der Nordhalbkugel zunächst in Verbindung mit Weihnachten fremd sein muß. Die ausgeatmete Erde zu Sommerbeginn weist auf die Kosmosverbundenheit von Erde und Mensch hin. Diese können dadurch die Anwesenheit des planetarischen und kosmischen Christus im weiteren Umkreis der Erde bis hin zur Sonne erfahren. Die Entfaltung ihrer Kräfte steht dann im Vordergrund und wird anschaubar im Zusammengehen des Sonnenwesens mit Christus oder Jesus als dem in Ewigkeit geborenen Sohn. Dieser erscheint dann als der eigentliche Sonnengeist, der zugleich auch in seiner Ursprungs- oder Kindergestalt erkannt werden kann. Als solcher wird er im 12. Kapitel der Offenbarung des Johannes dargestellt, wo er eine kosmische Geburt durchmacht und dazu noch „zu Gott entrückt wird", also weiter im kosmischen Bereich verbleibt. Er wird von der himmlischen Frauengestalt geboren, bekleidet mit der Sonne und gekrönt mit den zwölf Sternen.

Wird Weihnachten und werden auch die anderen Feste in dieser Art auf der Erde gefeiert, entsteht eine grundlegende Bewußtseinserweiterung. Die erkannte Gegenüberstellung der polaren Jahreszeitenkräfte und gleichzeitige höhere Zusammenfügung erfüllt den von J. W. v. Goethe (1749–1832) aufgezeigten Prozeß von Polarität und Steigerung. Dieser ereignet sich auch fortwährend im Menschen selber. Er trägt sowohl Sommer- als auch Winterkräfte in sich. In seinem Stoffwechsel bringt er Wärme hervor; sie steigt aus dem Blutkreislauf seiner Gliedmaßen empor. Im Sinnes- und Nervensystem, das im Haupt seinen Mittelpunkt hat, wirken Licht- und Kühlekräfte nach unten. Beide Vorgänge begegnen sich in der Mitte des Menschen, um in seiner Herzgegend „vermählt" zu werden und dadurch das eigentliche höhere und fortschreitende Seelen- und Geistesleben hervorzubringen. – Eine entsprechende Vorstellung in Verbindung mit den Jahreszeiten bildete der Dichter Novalis (Friedrich von Hardenberg, 1772–1801). Im Blick auf eine Fortsetzung seines Romanes „Heinrich von Ofterdingen" verfaßte er ein Gedicht, das den umfassenden Abschluß des zweiten Teiles dieses Romans bilden sollte; es trägt die Überschrift „Die Vermählung der Jahreszeiten". In ihm nimmt der Mensch die wechselnden Jahreszeiten in sein Inneres hinein, nachdem das äußere Sonnenreich zerstört ist, und vereinigt sie. Dadurch überwindet er die Begrenztheit, die notwendigerweise für das Menschendasein vorhanden sein muß, wenn er den Jahresablauf ausschließlich von einem Orte der Erde erlebt. Was viele Menschen durch ausgedehntes Reisen heute erreichen wollen, erscheint im prophetischen Geiste Novalis' schon vor fast 200 Jahren als eine innere Wirklichkeit.

Die sich abwechselnden Jahresabläufe auf den beiden Hemisphären der Erde sind durch die Natur voneinander getrennt. Sie würden auch immer getrennt bleiben. Erst durch den Menschen werden sie zusammengefügt. Seine geistigen Erfahrungen und Einsichten, aber auch die Möglichkeit, in beiden Hemisphären zu reisen und zu arbeiten, erweitern das Bewußtsein in diesem Bereich. Dadurch „vermählt" der Mensch zunächst mehr innerlich die Gegensätzlichkeiten, errichtet aber auch äußere Lebensbrücken. Was durch ihn mehr im Innern und subjektiv geschieht, wird durch die Christuswirksamkeit objektiv vollzogen, und durch die Verbindung dieser Wirksamkeit mit dem Kosmos in das gesamte Leben der Erde eingefügt und erhöht. – Werden die christlichen Feste nicht gleichzeitig auf der Erde gefeiert, sind auch nicht mehr die ursprünglichen Konstellationen zwischen Erde, Sonne und Sternen wesensgemäß gegeben. Es ergibt sich auch keine echte gleichzeitige und geistige Gegenüberstellung. Bei einer „Vermählung der Jahreszeiten" findet eine gegenseitige Durchdringung und Zusammenschließung statt, die zu einer höheren, kraftvollen Einheit führt und dadurch das Wirken des planetarisch-kosmischen Christus erst richtig zur Anschauung bringt.

Das Aufblühen des Weltensterns

Wird das zur Zeitwende neuentstehende Tierkreis-Sternenkreuz in seiner vollen Entfaltung angeschaut, muß in der Zeit um etwa ein Jahrtausend weitergeschritten werden. Astronomisch gesehen, ergibt sich dieser Zeitpunkt durch Ermittlung der Mitte des astronomischen Fischezeitraumes. Dieser verläuft von 100 v. Chr. bis zum Jahr 2500. Damit erstreckt sich das Fischebild weit über 30 Grad. Die Mitte dieses Zeitraumes ist das Jahr 1200. Zu dieser Zeit stehen die Zwillinge zur Jahresmitternacht der Winterwende am höchsten Punkt des Tierkreises. Ihnen steht in den Tiefen der Schütze genau gegenüber. Die anderen oberen Bilder sind dementsprechend nach Osten weitergerückt. Alle bilden zusammen ein Tierkreis-Sternkreuz, das senkrecht zum Beobachter durch die Erde verläuft. – Das Jahr 1200 befindet sich im Hochmittelalter, es ist die Zeit, von der der Dichter Novalis schreibt: „Es waren schöne glänzende Zeiten, wo Europa ein christliches Land war, wo E i n e Christenheit diesen menschlich gestalteten Weltteil bewohnte; e i n großes gemeinschaftliches Interesse verband die entlegensten Provinzen dieses weiten geistlichen Reiches." (Die Christenheit oder Europa.) Im Hinblick auf die volle Entfaltung dieses Weltensternes der Zeitenwende kann erkannt werden, wie für den von Novalis beschriebenen Teil der Menschheit die neuen Sternenkräfte voll im Aufblühen sind. Die durchchristeten Expansionskräfte der Fische hatten zur Durchdringung aller Gesellschaftsstrukturen und zur umfassenden Gemeinschaftsbildung in fast ganz Europa geführt, „dieses weiten geistlichen Reiches". Sogar die weitentlegenen nordischen Länder waren dabei, durchchristet zu werden. Diese Ausbreitungskraft blieb nicht bei Europa und nicht bei kirchlichen Gemeinschaftsbildungen stehen. Noch im 14. Jahrhundert war das geographische Bewußtsein des Europäers sehr begrenzt; nach Westen endete es am Ufer des atlantischen Ozeans, nach Südwesten und Süden fürchtete man das unbekannte „Mare Tenebrosum", die „See der Finsternis" jenseits der geographischen Höhe südlich der Kanarischen Inseln. Doch dann erschien Heinrich der Seefahrer (1394–1460), der portugiesische Prinz, der mit eigenen Mitteln und solchen des Christusordens seine Schiffe weit nach Süden schickte und im Laufe weniger Jahre das geographische Bild der Erde entschieden erweiterte. Er schuf die Voraussetzung für die großen Entdeckungsunternehmen von Columbus

(1451–1506) und Magellan (1480–1521); Heinrich tat das alles „zu Ehren des christlichen Glaubens" und in der Hoffnung, das geheimnisvolle Reich des Priesterkönigs Johannes zu finden. Die Fischekräfte der Expansion haben im 20. Jahrhundert mit der Raumfahrt Grenzen überschritten, deren Wesen schwer erkannt werden kann. Ist die Expansionskraft der christlichen Zivilisation weit über ihre Ziele hinausgedrungen?

Zur gleichen Zeit nahm das Christentum starke marianische Züge an. Seit dem 7. Jahrhundert kreisten theologische Gedanken um die Frage der immerwährenden Jungfäulichkeit der Gottesmutter Maria. Die Frage, wieweit das Wesen der Maria von der Erbsünde berührt war, wurde ab dem 12. Jahrhundert endgültig entschieden: Sie sei von der Erbsünde ausgenommen. Dies führte zu der Anschauung, sie sei selbst unbefleckt empfangen worden. Im Jahre 1555 wurde dann das Wesen ihrer immerwährenden Jungfräulichkeit zum Dogma erklärt. In dem Maße, in dem durch die Jahrhunderte hindurch das Sternbild der Jungfrau zur Mitternacht der Winterwende am Westhorizont niederstieg und jenseits der Erde immer tiefer untertauchte, konkretisierten sich die Verstandes-Vorstellungen über das Jungfrauwesen Mariens. Es wurden intensive Denkanstrengungen unternommen, ihre Erscheinung zu erfassen; gleichzeitig wurde sie zum Bild der Anbetung. Die reinen Verstandesüberlegungen, um die Jungfraukräfte zu erfassen, wurden dann immer materialistischer und endeten im 20. Jahrhundert (1950) im Dogma der leiblichen Himmelfahrt Mariens. Da war aber auch schon das Jungfrau-Sternblid in der Weihnachtsnacht am Westhimmel ganz untergegangen; höchstens ihr Kopf kann dort noch vorgestellt werden. – Die starken Verinnerlichungskräfte des Jungfrauwesens bildeten eine Substanzgrundlage für das bisherige Werden des Christentums. Im 20. Jahrhundert gerieten sie dann weitgehend auf Abwege.

Als um das Jahr 1200 herum, und damit auch in den Jahrhunderten des Hochmittelalters, das Bild der Zwillinge in der Weihnachtsnacht im Zenit des Tierkreises verharrte wurde die christliche Scholastik hervorgebracht. Sie war der Höhepunkt menschlicher Denkbemühungen, die aus der Entwicklung des astrologischen Widderzeitalters seit Abraham und menschheitlich als Verstandeskultur aus dem Widder-Kulturzeitalter hervorging. Das Werk des Dominikanermönches Thomas von Aquin (1225–1274) erhebt sich aus der Denkwelt der Scholastik wie eine hochragende Blüte. In seinem Gedankenwerk begegnen sich zwei tiefwirkende Gegensätze:

eine virtuose Denkfähigkeit in der Anwendung des Verstandes und der Vernunft und die Beschränkung auf die Wahrnehmungen irdischer Sinne alleine, ohne einen Einblick in Übersinnlich-Geistiges. Der Verstand schritt alle Inhalte des christlichen Glaubens ab. Sie spiegelten sich untereinander im wiedergebenden Denken und im selbständigen Begriffebilden. Aufnehmende Wahrnehmung und begriffliche Aufnahme steigerten sich gegenseitig. Es waren die Zwillingskräfte der Doppelheit von Wahrnehmung und Denken, die zu einem vollendeten Höhepunkt geführt wurden. Da aber ein Einblick in die eigentliche geistige Welt fehlte, mußte auch eine Doppelheit, eine Zwillingsgestalt, aus diesem einzigartigen Denkvorgang hervorgehen: Offenbarungswahrheiten und Vernunftwahrheiten werden voneinander getrennt, so auch Glaube und Wissen. Dabei tragen sie sich jedoch gegenseitig und können in ihrer gegenseitigen Ergänzung erkannt werden. So entsteht die umfassende Glaubenserkenntnis der Verstandes- und Gemütsseele. – In der späteren christlichen Kultur brachen die einheitlichen Zwillingskräfte auseinander und wurden zum veräußerlichten Gegensatz von Glauben und Wissen.

Die Mitte des Fischezeitraumes, die sich aus dem astrologischen Rhythmus von 2160 Jahren ergibt, liegt einige hundert Jahre später als das Jahr 1200. Das astrologische Zeitalter endet im Jahr 260. Astronomisch gesehen, steht die Sonne während dieses Überganges zu Frühlingsbeginn bereits in den Fischen. Die Hälfte der Zeitspanne von 2160 Jahren ist 1080; diese müssen zu 260 hinzugerechnet werden. Damit ergibt sich die Mitte des „astrologischen Fischezeitraumes" als das Jahr 1340. Die Zahl liegt in der Nähe des von R. Steiner angegebenen Jahres 1413 als dem Ende des Widder-Kulturzeitalters und dem Beginn des entsprechenden Fischezeitalters. – Bei diesen Zahlenangaben sollte immer beachtet werden, daß schon sehr kleine Grenzunterschiede unter den Sternbildern im Kosmos zu größeren Veränderungen der Jahreszahlen im irdischen Bereich führen. Alle Zahlen in diesen Bereichen sind Annäherungswerte. In dem Zusammenhang sprechen jedoch mehrere im folgenden geschilderte rhythmische Gliederungen dafür, den bisher angenommenen Eintritt der Sonne in den Widder um 1900, etwa 70 Jahre später anzusetzen, also um das Jahr 1830. Entsprechend würde sich der Eintritt in die Fische verschieben, anstelle von 100 – manche Angaben sprechen auch schon von 60 – im Jahr 30 vor Christus. In Übereinstimmung mit diesem später angesetzten Sonneneintritt in Widder und Fische, aber völlig unabhängig von den Sternenrhythmen wird heute die Abrahamzeit auch eher gegen 1800 als um 1900 gesehen.

Die Rhythmuskorrektur der astronomischen Widderzeit führt dann auch zu einer kleinen Grenzverschiebung zwischen Stier/Widder und Widder/Fische. Die Grenzen sind dann ein Grad nach Westen verschoben. – Der astrologische Zeitraum endet bei dieser Korrektur nicht 260, sondern 330 nach der Zeitwende. Dieses Jahr fällt fast genau mit der Mitte des Widder-Kulturzeitalters in der geisteswissenschaftlichen Sicht R. Steiners (747 v. Chr. + 1080 = 333 n. Chr.) zusammen. Das gleiche gilt dann für die Mitte der nächsten astrologisch berechneten Fischeperiode; sie fällt in das Jahr 1410 (330 + 1080), also auch fast genau mit dem Beginn des Fische-Kulturzeitalters im Jahre 1413 zusammen. Die Versetzung der astrologischen Widderzeit würde das Bild der Fische und damit des entsprechenden Zeitraumes nicht verschieben, sondern um 70 Jahre verkürzen, von 2 600 auf 2 530 Jahre. Die Mitte des astronomischen Fischezeitraumes nach ihrem Beginn um 30 vor Christus fällt damit in das Jahr 1235, anstatt 1200 (2530 : 2 = 1265, 1265 - 30 = 1235). Dieses Jahr liegt nicht weit vor dem Jahr 1250, das geisteswissenschaftlich gesehen den entscheidenden Umschwung der nachchristlichen Zeit darstellt. Das Jahr 1250 bezeichnet auch den Scheitelpunkt, in dem das alte Hellsehen so vollständig erlosch, daß selbst weitvorangeschrittene Individualitäten völlig von der Einsicht in die geistige Welt abgeschnitten waren (Die geistige Führung des Menschen und der Menschheit, 2. Vortrag). Sie mußten die irdische Verstandesseele möglichst zur Vollkommenheit ausbilden, wie es Thomas von Aquin vorbildlich tat. Er war im Jahr 1235 etwa zehn Jahre alt und befand sich schon seit einigen Jahren zur Erziehung in der Abtei von Montecassino. Im Jahre 1252 kam der Aquinate als junger Gelehrter von Köln nach Paris, wo er bald eines seiner großen Werke begann, die Summa contra Gentiles (Summe gegen die Heiden). Die innere Erfahrung dieses Zeitenumschwunges erlebten die Christen so stark, daß sie im Anschluß an die Darstellung des Theologen und Ordensgründers Joachim von Fiore (um 1130–1202) das Ende der Welt erwarteten. Zugleich blickten sie auf das Kommen des Zeitalters des Heiligen Geistes.

Der Anbruch des Fischezeitalters für die europäische Kultur um 1413 wird von verschiedenen Ereignissen begleitet. Um das Jahr 1410 malt der Baumeister und Bildhauer Fillippo Brunelleschi (1377–1446) zwei kleine Tafeln, auf denen die Plätze von San Giovanni und der Signorina in Florenz dargestellt werden. Es wird vielfach angenommen, daß diese beiden Bilder den Beginn perspektivischer Darstellungen im Abendland aufzeigen. Brunelleschi wird daher oft als der Erfinder der Zentralperspektive angesehen. In seinen Bauten und Räumen – etwa der Kirche Sankt Lorenzo und ihrer alten Sakristei in Florenz – erscheint überall eine Beherrschung der perspektivischen Dynamik. – Die Aufnahme der Perspektive in das menschliche Vorstellungsvermögen bedeutete die Ablösung eines alten, traumhaft-geprägten, bildhaften Schauens und Vorstellens. Mit der Perspektive wurde der irdische Raum wach und klar erfaßt; er ist dabei eine innere Wiedergabe des äußeren materiellen Erdenraumes. Mit dem perspektivischen Sehen, seiner äußeren darstellerischen Beherrschung und der innerlichen Vorstellungsfähigkeit war es dem Menschen gegeben, sich in neuer, entscheidender Art mit dem Erdenwesen zu verbinden. Daher wurde die Kunst der Perspektive mit impulsierend willenshafter Begeisterung von den Künstlern der Renaissance aufgenommen. – Das neue Verhältnis zum Irdischen war auch die Triebfeder Heinrich des Seefahrers. Wurde in Florenz ein neues Menschenbild gesucht, so enthüllten die Taten des portugiesischen Prinzen ein neues Erdbild. Sie waren die ersten Entdeckungen, die zur dreidimensionalen Erfassung der Erde führen sollten. Charakteristisch ist, daß Heinrich der Seefahrer viele persönliche Opfer brachte, um seine Schiffe nach Süden zu schicken, dabei zunächst keinerlei Gewinne erzielte und selber nie an den vielen Expeditionen teilnahm. Das neue Wissen von der Erde genügte ihm; dieses Wissen sollte die Grundlage für ein neues Erdbewußtsein bilden. – In Heinrich dem Seefahrer und Brunelleschi begann die Verwandlung zweier Kräfteströmungen des Widderzeitalters als Fähigkeiten des Fischezeitalters sichtbar zu werden: Das eingeschlossene, eindimensionale Verstandesdenken des Kopfes wurde durch den expandierenden christlichen Willensimpuls der Fischekräfte in die Wirklichkeit der irdischen Welt hinausgeführt; dabei wurde die Dreidimensionalität dieser Welt durch Verinnerlichungskräfte der Jungfrau im Mencheninneren klar vorgestellt und lebendig erfaßt.

Durch die Christusereignisse der Zeitenwende ist der Mensch in neuer Art mit der Erde verbunden worden. Christus hat den Weg der Durchdringung des Irdischen vorgelebt. Der Mensch folgt dem nach und verläßt seine kosmisch-sternhafte Vergangenheit, um die dem Himmel entfallene

Erde wieder zu einem Stern zu machen. Dieser Vorgang trat beim Anbruch des Fische-Kulturzeitalters im 15. Jahrhundert deutlich in Erscheinung, war aber schon ab der Zeitenwende im Christentum keimhaft vorhanden. – Doch dieser Umschwung stellt den Menschen nicht nur in neuer Art zur Erde. Es ereignete sich zur Zeitenwende auch Himmelfahrt und Pfingsten. Mit dem Ertrag des Erdenseins verband Christus das „nahe an die Erde herankommende Himmelreich" wieder mit den außerirdischen Welten der Sternenkräfte. Die Auferstehungskräfte mit ihren neuen Ordnungen durchdrangen den Kosmos. Auch dieser hat teil an der Auferstehung. So wurde eine neue Erde und ein neuer Himmel veranlagt. Obwohl diese keimhaft übersinnlich sind, treten sie durch die neuen Beziehungen anfangsweise in Erscheinung, die der Mensch zur alten, sichtbaren Erde und zu den anschaubaren Sternenwelten erfahren kann.

Das Verhältnis der Menschen zum Sternenwirken in der Gegenwart wird besonders durch einen Hinweis R. Steiners beleuchtet. Im Hinblick auf das Zusammenwirken von Wandelsternen und Tierkreis führt er aus, wie etwa durch den Eintritt der Sonne oder eines Planeten in ein Sternbild die direkten Kräftewirkungen dieses Bildes aufgehoben würden, um den Raum freizugeben für das Wirksamwerden und die Entfaltung gerade dieser Kräfte im Menschen selber (17. 5. 1924, GA 353). Damit hat R. Steiner aufgezeigt, was es eigentlich bedeutet, wenn bisher von besonderen Wirkungen etwa der Sonne vor einem Sternbereich gesprochen wird: Durch ihre Eigentätigkeit bringen die Menschen diese in ihnen vorhandenen kosmischen Kräfte hervor und verbinden sie durch ihre Tätigkeit wiederum mit den von außen kommenden Wirkungen der Sterne. So entsteht erst die höhere Einheit von Mensch und Sternenwelt. Aus dem bisher Geschilderten ist leicht einzusehen, wie insbesondere durch das Christusereignis eine erhöhte Möglichkeit der menschlichen Entfaltung der Sternenkräfte gegeben ist, wodurch die Menschen voll einbezogen werden in das Sonne-Sternen-Geschehen. – In der vorliegenden Schrift werden jedoch die Sternprozesse so dargestellt, als kämen die Wirkungen alleine aus der Sternenwelt, denn schließlich liegen in ihr die Veranlassung zu ihrer Hervorbringung im Menschen.

Der Mensch im Kosmos

Die neuen Beziehungen werden deutlich, wenn sich der Mensch auf der Erde räumlich-wesenhaft in die Jahresmitternachtskonstellation hineinstellt, so wie sie bei ihrer vollen Enfaltung im Hochmittelalter am Himmel stand; denn in den Kräftebereich dieses Tierkreis-Weltensternes ist die christliche Menschheit hineingewachsen. Zwar ist das Ende dieser Konstellation heute schon überschaubar, doch ist sie noch die in der Gegenwart geltende. – In den Höhen vor und über der Menschengestalt erstrahlen die Zwillinge. An diesem Ort entsprechen ihre Kräfte den Vorgängen im menschlichen Haupte. In ihm ist die Doppelheit des Menschen zunächst veranlagt, indem sich das Haupt über den übrigen Menschen hinaushebt und ruhend die Wahrnehmungswelt widerspiegelt. Ihr gegenüber steht die eigenständige Vorstellungswelt des Kopfes. Durch die Zweiheit von Wahrnehmen und Vorstellen beginnt im Menschen das Denken; es kann dann in die Höhen der Ideen führen. – Den Zwillingen gegenüber steht verborgen in den Tiefen der Kentaur-Schütze. In derselben Art verborgen wirkt der menschliche Wille in den Untergründen seiner Natur. Das Erdenwesen verbirgt sowohl die Sterne des Schützen als auch die Natur des Menschenwillens; denn er ist geheimnisvoll mit dem Dasein der Erde verbunden. In der Durchdringung des Daseins enthüllt sich die Verwandtschaft von Erde und Menschenwille und führt in die Tiefen, zugleich aber auch zum Tierwesen, im Kentaur veranschaulicht. Der verborgene und gebundene Wille findet zum Licht und zur Befreiung durch Ziele, die mit der Fähigkeit christlicher Schützekräfte ins Auge gefaßt werden. –

Die polaren Kräfte der Höhen und Tiefen finden ihren Ausgleich in der horizontalen Ebene. Auf der rechten Seite der Menschengestalt im Westen stehen die Fische. Schon das Evangelium spricht davon, die Netze zum Fischen „auf der rechten Seite" auszuwerfen. Füße und Arme sind die mikrokosmischen Entsprechungen zu den makrokosmischen Kräften der Fische. Mit diesen Gliedmaßen handelt der Mensch und stellt so die notwendige rechte Verbindung mit seiner gesamten Umwelt her. In diesem Handlungsbereich erfährt sein Wesen, bei genügender Wachheit, die Verwandlungskraft des Voranschreitens der Sonne im Tierkreis durch die Frühlingsbilder. Zur Linken der Menschengestalt leuchten die Sterne der

Jungfrau. In diesem Bilde entsprechen sie wesenhaft der linken Seite der Menschengestalt. Das Herz liegt überwiegend auf dieser Seite. Hier entstehen die Kräfte der Verinnerlichung und werden die geistigen Impulse geboren, die zum rechten Handeln führen. So ereignet sich ein ständiger Austausch von einer inneren Welt nach außen und von der äußeren Welt nach innen. Daher können die Vorgänge und Beziehungen in der Horizontalebene in der Menschheit auch ausgetauscht werden; so wie es auf der südlichen Erde gegeben ist. Denn dort blickt der Mensch nach Norden auf diese Sternbilder. Links von ihm im Westen steht dann das Bild der Fische und zu seiner Rechten im Osten die Jungfrau. Es ergibt sich hierdurch ein etwas anderes Verhältnis zu den Sternenprozessen und den Jahresfesteszeiten im Menschen.

Das astronomische Zeitalter

Die Anwesenheit der Sternenkräfte in der Christusoffenbarung zur Zeitenwende, zusammen mit dem Verlust der ursprünglichen Sternenbeziehungen der Menschen, führte zum baldigen Erlöschen aller äußeren Sternenkunde im christlichen Abendland. Eine Sternenweisheit wurde nur durch astronomische Überlieferungen und Astrologie weitergetragen. Das Verhältnis zum äußeren Sternenkosmos änderte sich erst, als der durch das Christentum gelegte Keim zum Fischezeitalter im 15. Jahrhundert aufbrach. Mit den einsetzenden neuen Gedankenkräften und der sich bildenden „Bewußtseinsseele" begann damit das „astronomische Zeitalter". Der Anfang dieser Zeitepoche vollzog sich im verborgenen, nämlich im neuen, der Wahrnehmungswelt zugewandten, Idee-bildenden Denken. Nikolaus von Kues, der „Kusaner" (1401–1464), Philosoph und Kardinal, begann das bis dahin geltende kosmologische Weltbild des Ptolomäus und Aristoteles umzugestalten. Die Gegensätze von ruhender Erde und bewegter Sternenwelt wurden aufgehoben. Die Annahme einer Erde in Bewegung entsprang dem Denkerlebnis, daß alles im Kosmos sich bewegt. Somit kann auch die Erde nicht in Ruhe sein. Hierdurch wurde die Kopernikanische Auffassung denkerisch vorausgenommen. Nikolaus von Kues ging noch über das Bild der sich bewegenden Erde hinaus.

Aristoteles und Ptolomäus vertraten nicht nur den Gegensatz von bewegter Sternenwelt und ruhender Erde, sondern auch den, der völlig andersartigen Stofflichkeit der Sternenwelt gegenüber dem Erdenstoff. Kusanus vertrat die Gleichartigkeit beider. Auch hierdurch wurde er der Vordenker moderner Astronomie, die spektralanalytisch die Stoffe im Kosmos als in Übereinstimmung mit irdischer Stofflichkeit erkennt.

Neun Jahre nach dem Tod des Nikolaus von Kues wurde Nikolaus Kopernikus geboren (1473–1543). Er widmete sich ganz der Astronomie, stellte die Sonne in den Mittelpunkt aller Planetenbewegungen und wurde so zum Begründer des heliozentrischen Weltbildes. In diesem Bild rotiert die Erde um sich selbst und verursacht damit die Tagesbewegung der Sterne; sie umkreist außerdem die Sonne im Laufe eines Jahres, wodurch die wechselnden Jahreszeiten mit dem Jahresgang der Sonne durch den Tierkreis entstehen. Obwohl diese Erkenntnisse schon 1524 von Kopernikus schriftlich niedergelegt waren, wurden sie erst kurz vor seinem Tode in dem berühmtgewordenen Werk „De revolutionibus orbium coelestium libri" (Über die Kreisbewegungen der Weltkörper) veröffentlicht. Die späte Veröffentlichung geschah aus Rücksicht vor der Lehrmeinung der Kirche, die streng an der antiken Auffassung von der ruhenden Erde festhielt. Die Inhalte dieses kopernikanischen Werkes führten zu dem Ereignis in der Astronomie, das als „kopernikanische Wende" bezeichnet wird.

Nur drei Jahre nach dem Tode des Kopernikus wurde der Däne Tycho Brahe geboren (1546–1601). In ihm vollzog sich endgültig der Übergang von der Astrologie zur Astronomie in urbildlicher Art. Zunächst beschäftigte ihn die Astrologie; wie schon erwähnt, wurde Tycho Brahe in Europa durch die astrologische Vorhersage des Todes des Sultans Sulaiman (1494–1566) bekannt. Doch schon in jungen Jahren zog ihn der sichtbare Sternenhimmel an. Im Jahre 1572 entdeckte Brahe eine Nova – einen neuentstandenen Fixstern. Er verließ die Astrologie, um sich ganz der Astronomie zu widmen. Im Jahre 1587 schreibt Tycho Brahe an den Freund Regiomontan: „Hierauf kann ich Dir meine freundliche Meinung nicht verbergen, daß ich mich nicht gern mit der Astrologie, der Sterndeutung und den Voraussagen einlasse, weil darauf nicht viel zu geben ist, sondern ich allein die Astronomie, welche den wunderlichen Lauf der Gestirne erforscht, seit einigen Jahren in eine richtige Ordnung zu bringen, mich bemühte." Durch ständige und umfassende Beobachtungen der Sterne vor der Erfindung des Fernrohres legte Tycho Brahe den Grund für die moderne Astronomie. Er konnte auch durch genaue Beobachtungen die Auffassung des Aristoteles widerlegen, wonach die Kometen erdatmosphärische Erscheinungen seien. Im astronomischen Weltbild begann dadurch das Element der Bewegung in der außerirdischen Sternensphäre zu erscheinen, die Aristoteles in ihrer Gesamtheit als kristallinisch-unbeweglich ansah. Die Gedankenzukunftsbilder des Nikolaus von Kues wurden durch die Entdeckung der Nova und der außerirdischen Bahnen der Kometen durch Brahes wahrnehmende Beobachtungen konkretisiert.

Tycho Brahe verläßt seine Sternenwarte Uranienborg auf der Insel Hven im Jahre 1599, um den Ruf als Hofastronom am Hofe Rudolfs II. in Prag anzunehmen. Zugleich wurde er auf einen anderen Astronomen aufmerksam, Johannes Kepler (1571–1630), den er als seinen Assistenten mit nach Prag beruft. Die Zusammenarbeit währt nur kurze Zeit. Nach dem Tode Brahes (1601) wird Kepler sein Nachfolger am Hofe Rudolfs II. Auf Grund der genauen Beobachtungen Brahes kann Kepler ausführliche Planetentafeln (Standort-Zeitberechnungen) aufstellen. Insbesondere hatte Brahe in seinen letzten Jahren umfassende Beobachtungen der exzentrischen Marsbewegung durchgeführt, so daß Kepler die Bahn dieses Planeten sehr genau bestimmen kann. Mit dem gediegenen Beobachtungsmaterial Brahes kann Kepler für die moderne Astronomie seine grundlegenden drei Gesetze finden, darunter das der Ellipsenbahnen der Planeten mit der Sonne in einem Brennpunkt. Aristoteles hatte noch Kreisbahnen dieser Körper um die ruhende Erde angenommen. Als Isaak Newton (1643 bis 1727) später seine Gravitationsgesetze aus den Arbeiten Keplers ableitete, war der Weg für die spätere Einführung der Astrophysik frei. – Obwohl Johannes Kepler sich auch von der Astrologie weitgehend lösen wollte, gelang dies wegen der Persönlichkeiten seiner Umgebung nicht. Sie verlangten von ihm immer wieder Prophezeiungen auf Grundlage der Horoskope, so etwa der Feldherr Wallenstein (1583–1634), der Generalissimus im Dreißigjährigen Krieg. Kepler schrieb im Jahre 1606 an einen Freund in London (Th. Harriot): „Ich höre, Euch sei auf Grund der Astrologie Böses widerfahren? ... Ich verwerfe nun seit zehn Jahren die Teilung in zwölf gleiche Teile, in Häuser, Herrschaften, Dreiheiten usw.; nur die Aspekte behalte ich bei und verbinde die Astrologie mit der Lehre von den Harmonien."

Es führt eine direkte Linie von den zwei kleinen, dreidimensional gemalten Bildern, die Brunelleschi um 1410 herum schuf, zu den grundlegenden Entdeckungen der Anfänge moderner Astronomie. Bis dahin war der Anblick des Himmels und die Gedanken darüber ein großartiges, etwas traumhaft zweidimensionales Bild. Es gab selbstverständlich schon in der Antike Bemühungen, den Abstand zum Mond, zur Sonne und den Sternen zu erkunden. Das waren aber doch Ausnahmen. Im Aufbruch des astronomischen Zeitalters in Europa wurde mit den Planetenbewegungen und anderen Erscheinungen, der dreidimensionale Himmelsraum in der Vorstellung vollständig herausgearbeitet. Seitdem gibt es verschiedene Raumes-Bewegungsperspektiven des planetarischen Bereiches: heliozentrisch, geozentrisch oder eine Durchdringung beider, wie es Tycho Brahe vertrat. Durch die verschiedenen Raumaspekte entsteht ein vielschichtiger Planetenraum. Von ihm kann man sagen: Das Reich der Himmel ist noch näher herangekommen, auch wenn es zunächst nur vom physischen Aspekt her geschehen ist. Wir können uns räumlich und zeitlich sehr genau in diesem Sternenraum orientieren. Eine Untersuchung des Wesens der alten Sternenkunde wie die vorliegende, wäre nicht möglich ohne die moderne Astronomie. Bleibt sie jedoch bei der nur materiellen Erfassung des Sternenwesens stehen, wird dies selbstverständlich in weitreichende Einseitigkeiten hineinführen.

Bis zum Jahr 1781 galt der Saturn als äußerster, abschließender Wandelstern des Sonnensystems. Mit der Sonne als Planet rundete er die Zahl der Planeten mit sieben ab. Die Entdeckungen weiterer Planeten in unserem Sonnensystem stellen staunenswerte Beispiele für die Richtigkeit der eingeschlagenen äußeren Forschungswege dar und veranschaulichen das beginnende große Interesse für die physikalische Wirklichkeit der Sternenwelt. Die Entdeckungen erweiterten den Blick für den planetarischen Sternenraum und waren ein Ausdruck für das sich ständig erweiternde physische und geistige Bewußtsein der Menschheit in der Zeit nach Anbruch des Fischezeitalters. – Einige Jahre nach Brahes Tod wurde das Fernrohr erfunden (1608) und lieferte von da an das wesentliche Werkzeug für astronomische Beobachtungen. Seit 1766 begann Friedrich W. Herschel (1738–1822) Spiegelfernrohre mit selbstgeschliffenen Parabolspiegeln herzustellen und den Sternenhimmel damit zu beobachten. Er verfolgte im Jahr 1781 ein Sternobjekt im Bild der Zwillinge, das noch gerade mit dem bloßen Auge zu erkennen war. Nach einiger Zeit wurde deutlich, daß er einen neuen Planeten entdeckt hatte. Dieser war etwa so weit vom Saturn entfernt wie der Saturn von der Sonne. Dem neuen Wandelstern wurde der Name Uranus gegeben. Er war noch durch das Menschenauge mit Hilfe des Teleskops entdeckt worden.

Die nächste Planetenentdeckung geschah unmittelbar durch die Tätigkeit des Menschengeistes, mit Hilfe fortgeschrittener mathematischer Berechnungen. Obwohl die Uranusbahn sich in Übereinstimmung mit den neuen Newtonschen Gravitationsgesetzen verhielt, wurden auffallende und rätselhafte Abweichungen des Bahnverlaufes beobachtet. Schließlich wurde berechnet, daß die Uranusbahn Störungen unterliegt, die von einem weiteren, unbekannten Planetenkörper stammen mußten. Da Störungen bei Saturn und Jupiter nicht auftraten, mußte der unbekannte Körper sehr weit entfernt sein. Zwei junge Astronomen lösten die schwierigen Berechnungen, die zur Positionsbestimmung des gesuchten Himmelskörpers führten, fast gleichzeitig: der Franzose Urbain J. J. Leverrier (1811–1877) und der Engländer John C. Adams (1819–1850). Leverrier bat Johann G. Galle (1812–1910), den späteren langjährigen Leiter der Breslauer Sternwarte, den noch unsichtbaren Planeten im Sternbild Steinbock zu suchen. Er fand ihn recht schnell am 23. September 1846, nur ein Grad vom berechneten und angegebenen Ort entfernt. Eine beeindruckende Leistung menschlicher Vorstellungskraft! Obwohl der Engländer Adams den Planeten früher entdeckt hatte, konnten seine Arbeiten hierüber wegen skeptischer Beurteilung seiner Mitastronomen nicht schnell genug veröffentlicht werden. Der neue Planet erhielt den Namen Neptun. Seine Entfernung von Uranus war wieder etwa die gleiche wie die des Uranus vom Saturn.

Die Entdeckung des letzten Planeten, Pluto, geschah nur noch mit Hilfe erweiterter Technik. Nachdem kleinere, nicht berechenbare Störungen der Bahnen von Uranus und Neptun auftraten, wurde auf der Flagstaff-Sternwarte in Arizona, USA, auf photographischem Wege im Jahr 1930 ein sehr lichtschwaches Objekt entdeckt. Es erwies sich als ein weiterer Wandelstern. Der Name des römischen Gottes der Unterwelt, Pluto, wurde diesem Planeten vorsorglich, lange vor seiner Entdeckung gegeben. Er befand sich wiederum fast im gleichen Abstand vom Neptun wie dieser vom Uranus. Der Weg der drei Planetenentdeckungen führt von der menschlichen Beobachtung – unterstützt durch ein Instrument – über die vorstellende Berechnung bis zur Anwendung modernster technischer Mittel des 20. Jahrhunderts. Die neuentdeckten Planeten stellen eine Herausforderung dar, ihre Bedeutung durch eine erneuerte Sternenkunde zu erkennen und zu integrieren.

Die gegenwärtige Astrologie tut dies schon. Sie erkennt den Wandelstern Uranus als zum Bereich des Sternzeichens Wassermann gehörig. Da der Wassermann in der vorliegenden Darstellung noch zu behandeln sein wird, wird auch dessen Verhältnis zu Uranus berührt. Dasselbe gilt für den neuen Wandelstern Pluto, der von mancher astrologischen Anschauung im Zeichen des Skorpions gesehen wird. – Wenn der Neptun im allgemeinen als „Berherrscher" des Fischezeichens erlebt wird, so kann darauf hingeblickt werden, wie durch die Fischekräfte die intensiven Expansions- und Evolutionsimpulse unserer Zeit wirksam sind. So werden die neuentdeckten Planeten ebenfalls ein Ausdruck und Ergebnis dieser gegenwärtigen Erweiterungsprozesse. Es ist daher folgerichtig, wenn das Wesen des Neptuns vom Astrologen Thomas Ring („Astrologische Menschenkunde") als die „Kraft der Grenzüberschreitung" erkannt wird und im Planeten Uranus der „Umschwungimpuls" erlebt wird.

Die neuen Tierkreis-Planetenbeziehungen sind Bereiche, wo alte Ordnung abgelöst und neue Entwicklungen eingeleitet werden. Sie erscheinen als die offenen Pforten im Tierkreis. – Wieweit dies für Skorpionkräfte gilt, muß erst erforscht werden.

Apokalypse und Wassermannzukunft

In der jüngsten Vergangenheit ist immer wieder versucht worden, die deutlichen Strukturänderungen unserer Gegenwart mit einem Begriff zu umreißen, der aus dem Sternenwesen entnommen ist. Das trat besonders durch den Titel der Buchveröffentlichung von Marilyn Ferguson „The Aquarian Conspiracy" – „Die Wassermann-Verschwörung" (Tarcher, 1980) in Erscheinung. In den Kreisen der „New Age"-Bewegung und ähnlichen Zusammenhängen wurde die empfundene neuanbrechende Zeit der zweiten Hälfte des 20. Jahrhunderts als „Wassermann-Zeitalter" bezeichnet. Damit tauchte die Frage nach dem Bezug dieser Bezeichnung zum Sternenwesen und zur Gegenwart auf.

Blickt man auf die Sternenrhythmen selber, ergibt sich folgendes Bild. Astronomisch gesehen ist das Bild der Fische sehr lang gestreckt. Innerhalb der Präzessionsbewegung braucht die Sonne 2 600 (2 530) Jahre, um es zu durchwandern, von 100 (30) vor Christus bis 2500. Erst um dieses Jahr tritt die Sonne im Frühlingspunkt in das Bild des Wassermanns ein. – Die astrologischen Rhythmen zeigen ein ähnliches Ergebnis. Mit dem Ende der astrologischen Widderzeit um 260 (330) nach Christus begänne das Fischezeichen. In Übereinstimmung mit dem Rhythmus von 2 160 Jahren endet dieses mit dem Jahr 2420. Diese Zahl liegt nahe der Zahl 2500 als Ende der astronomischen Fischezeit. Durch die erwähnte mögliche Korrektur eines 70jährigen späteren Eintrittes der Sonne in die Fische würden beide Zahlen praktisch zusammenfallen: 2490 und 2500. Von den astronomisch-astrologischen Rhythmen her gesehen ist die Gegenwart zwar nicht weit vom Zeitpunkt eines Eintrittes in Bild und Zeichen des Wassermanns entfernt: etwas unter einem Viertel der Zeit des Sonnenweges durch ein Sternzeichen. Drei Viertel des Weges durch Bild und Zeichen sind schon zurückgelegt worden, ein Viertel fehlt noch. Doch ist die Gegenwart von den Sternenrhythmen her gesehen keinesfalls nahe dem Zeitpunkt des Übertrittes der Sonne in Bild oder Zeichen des Wassermannes.

Es konnte gezeigt werden, wie durch die Christusereignisse der Zeitenwende eine entscheidende Veränderung im Verhältnis des Sternenkosmos zur Erdenwelt eingetreten ist. Ein wesenhafter Teil der Sonne und Tierkreiskräfte hat sich in die Erdenwelt eingelebt, so daß sich Himmel und Erde jetzt in neuer Art durchdringen. In bezug auf das Verhältnis der Sterne zur Erdenwelt wird es daher unvollständig sein, nur auf die Sternenrhythmen alleine hinzuschauen, um rhythmische Erkenntnisse für das Leben der Menschheit zu erlangen. Das geistig-physische Weiterwirken des Christentums muß mit einbezogen werden. Dieses weitere Fortwirken des Christentums in kosmisch-irdischer Hinsicht wird in den Bildern der Offenbarung des Johannes, in der Apokalypse, beschrieben. Apokalypse bedeutet Enthüllung. Die Zukunft des Christentums wird enthüllt, jedoch in Bildern, die imaginativ das Wesenhafte einer weiteren christlichen Entwicklung wiedergeben.

In den ersten Kapiteln der Apokalypse werden die sieben Sendschreiben an die sieben Gemeinden Asiens wiedergegeben. Diese Briefe haben einerseits geistig rätselhafte Inhalte, schließen aber andererseits an bestimmte Städte mit konkreten menschlichen Verhältnissen und ihren Gemeinden an. Dann aber beginnt im 4. Kapitel der Apokalypse ein schauendes Element, das ganz in geistig-übersinnliche Verhältnisse hineinführt. Der die Offenbarung empfangende Mensch, Johannes, erblickt eine offene Tür im Himmel. Er wird aufgefordert, hinaufzusteigen, damit ihm gezeigt werde, „was hiernach geschehen wird"; die Lutherübersetzung lautet: „was in Bälde geschehen wird". Hier wird deutlich zum Ausdruck gebracht, daß es sich um Zukunftsbilder handelt, die irdische Wirklichkeit annehmen werden. Johannes erblickt im Himmel einen Thron, auf dem jemand sitzt. Dieser Thronende erweckt den Eindruck einer mineralischen Gestalt; desgleichen der Regenbogen, der den Thron umgibt. Um ihn sitzen 24 weißgekleidete Älteste, auch auf Thronen. Blitz und Donner gehen vom mittleren Thron aus. Vor dem Thron brennen sieben flammende Fackeln als Ausdruck der sieben Geister Gottes. Hier breitet sich auch ein kristallähnliches, gläsernes Meer aus. „Direkt vor und rings um den Thron befinden sich vier Lebewesen, voller Augen vorne und hinten. Das erste Lebewesen gleicht einem Löwen, das zweite gleicht einem Sier, das dritte hat ein Antlitz wie ein Mensch, und das vierte gleicht einem fliegenden Adler. Die vier Lebewesen haben – jedes einzelne – sechs Flügel; ringsum und im Inneren waren sie voller Augen. Und ohne Unterlaß rufen sie bei Tag und Nacht: Heilig, heilig, heilig der Herr, der göttliche Herrscher des Alls, der war und der ist und der kommt" (Apokalypse 4, 6–8).

Im Urchristentum – schon im ersten Jahrhundert nach der Zeitenwende – erwartete man die Erfüllung dieser apokalyptischen Schauungen im Verlaufe einiger Jahrzehnte. Die Erwartung war ein Ausdruck irdischmenschlicher Vorstellungen und viel zu kurz erlebt. Die Apokalypse hat ihren Quell in der geistigen Welt und verwirklicht sich in kosmischen Zeiträumen. Andererseits verleiblicht sich das Christentum in der Erdenwelt und begibt sich damit auch in irdische Rhythmen hinein. – Es konnte in dieser Darstellung gesehen werden, wie der Rhythmus von 2 160 Jahren ein Sternen-Erden-Rhythmus ist, der den Gang der Sonne durch ein Tierkreiszeichen darstellt und zugleich eine irdisch-menschliche Wirklichkeit in sich aufnimmt und zum Ausdruck bringt. Indem sich die Sonnenkräfte mit dem Erscheinen des Christentums mit irdischen Gegebenheiten verbinden, wird dieser Rhythmus ergriffen und neu inauguriert. Mit dem Erscheinen des Christus nimmt er einen neuen Anfang. Diesen kosmisch-irdischen Rhythmus führt das Christuswesen mit sich in die Jordantaufe hinein als Teil des nahe herbeigekommenen Himmelreiches. Doch ist dieses Wesen beim Weihnachtsereignis zur Zeitenwende selber unmittelbar im Erdenumkreis schon aurisch anwesend, so daß es berechtigt ist auch zu diesem Zeitpunkt schon von der „Christgeburt" zu sprechen. Gerade das Geistig-Atmosphärische des Erdenumkreises entspricht dem Gebiet, wo kosmische und irdische Rhythmen sich zusammenschließen und zur Wirkung kommen. Die Weiterentwicklung des Christentums ist also nicht an äußere astronomische Rhythmen alleine gebunden und auch nicht an einen fortlaufenden astrologischen, sondern „verleiblicht" sich in freier Weise in den Sonnen-Erden-Rhythmus von 2 160 Jahren, beginnend zur Zeitenwende. Dies hat zur Folge, daß ein nächster entscheidender Schritt des Christentums nach etwa 2 160 Jahren sich ereignet. Das wäre um das Jahr 2160. Der Inhalt dieses Schrittes wird bildhaft im Geistespanorama dargestellt, das Johannes schaut.

Wenn das Gegenwartsbild der Jahresmitternacht-Tierkreiskonstellation wieder vergegenwärtigt wird, so erweisen sich die Tierwesen der Apokalypse als d i e Sternbilder, die – veranlaßt durch das Voranschreiten der Sonne im Tierkreis – in etwa 500 Jahren in die Räume der jetzigen vier herrschenden Bilder der Jungfrau, Zwillinge, Fische und Schütze eintreten werden. Dabei treten sie von West nach Ost kommend in die Bereiche ein, die die gegenwärtigen Bilder noch einnehmen. Der Löwe wird die Jungfrau ablösen, indem er zum Osthorizont weiter niedersteigt. Der Stier folgt den Zwillingen in Richtung Zenit des Tierkreises. Das Lebewesen mit dem Antlitz eines Menschen, der Wassermann, wird sich langsam über den Westhorizont erheben und dabei die Fische ablösen, während in den Tiefen der Schütze dem Tierwesen Adler weichen muß. Die Apokalypse bezeichnet das Skorpionbild als Adler. In den frühesten Zeiten der Erd- und Menschheitsentwicklung gab es die Todeskräfte des Skorpions noch nicht. Sie entstanden erst durch den Fall und Niederstieg von Erde und Mensch. Ursprünglich walteten die Adlerkräfte dort, wo später der Skorpion erlebt wurde. Hier bestätigt die Apokalypse, daß die Auferstehungsimpulse bis in den Kosmos vordringen: Die todesüberwindenden Kräfte haben den

Gegenwart
21.12. - 24 Uhr

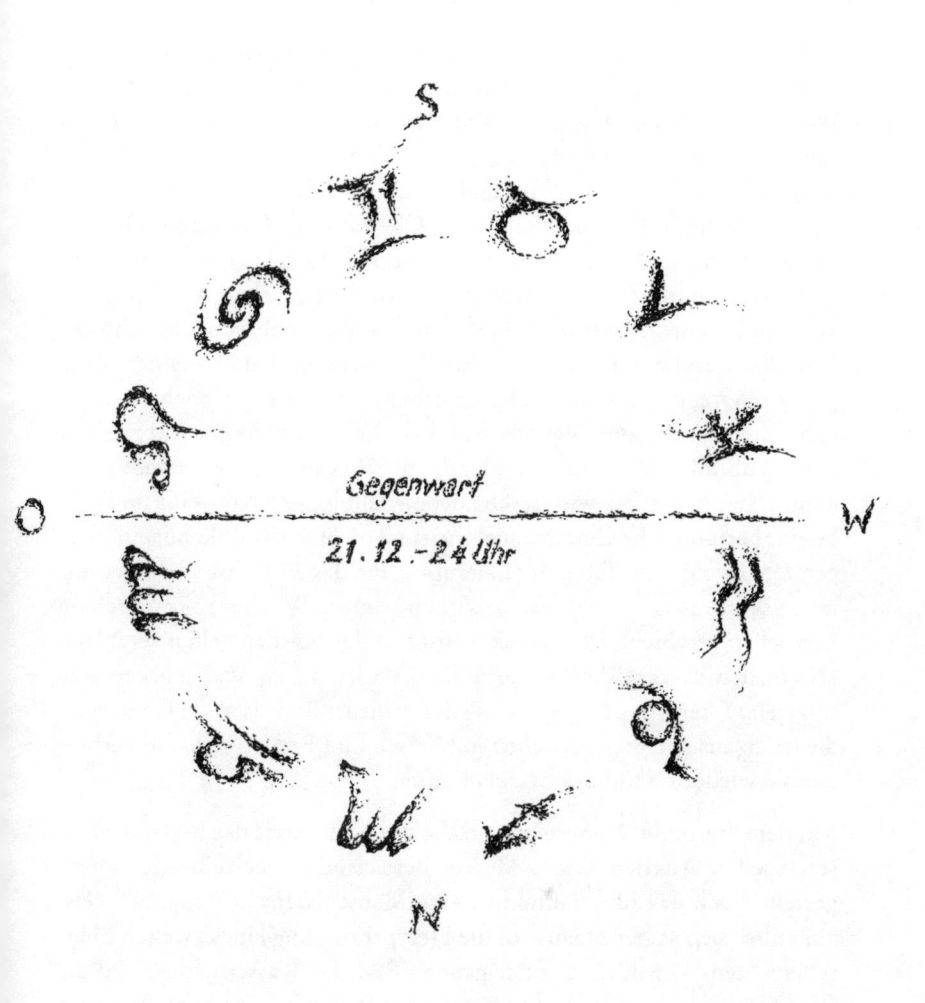

Skorpion wieder zum Adlerwesen zurückverwandelt. Sogar das Bild eines fliegenden Adlers wird verwendet, um die volle Dynamik dieses wieder aufgerichteten Kräftebereiches zu veranschaulichen.

In der Schilderung der Apokalypse haben die Sternen-Tierwesen drei Paar Flügel. Darstellungen solcher Wesen findet man öfter auf den russischen Ikonen. Die vielen Flügel zeichnen diese Wesen als Engel der höchsten Hierarchie aus. Sie setzt sich aus drei verschiedenen Engelchören zusammen: den Thronen, Cherubim und Seraphim. Die Throne werden auch als Geister des Willens bezeichnet, die Cherubim als Geister der Harmonie und die Seraphim als Geister der Liebe. Alle Engel auf dieser höchsten Stufe können als Ausdruck der Fixsternwelten gesehen werden. Aber auch umgekehrt: Die Fixsternkräfte sind eine Offenbarung der Throne, Cherubim und Seraphim. Die Cherubim wirken in und aus der Mitte dieser Chöre, den Kosmos dabei gestaltend. Was aus den höchsten Sternenwelten zentral zum Menschen und zur Erde hinuntergewirkt hat, war die cherubimisch-harmonisierte Kraft von Wille und Liebe. Im Menschen kann erkannt werden, wie entscheidend wichtig es ist, daß Wille und Liebe eine harmonische Gestalt annehmen und nicht in Konflikt mit einander geraten. Es sind die Taten der Cherubim, die das zunächst von einer höheren Warte aus im Menschen bewirken können. Was mikrokosmisch im Menschen geschieht, ist makrokosmisch in den Sternenwelten veranlagt. Die in den Tierkreiskräften urbildlich vorhandenen Weltengegensätze tragen und steigern sich gegenseitig durch die Kräftewesen der Cherubim. Sie ragen aus den Sternenwelten in Mensch und Erde hinein und verbinden sie wiederum mit den Sternenkräften.

Mit dem Sternbild Wassermann erscheint im Tierkreis das Bild des Menschen selber. Aus dem Fische-Meeres-Bereich erhebt sich eine Menschengestalt. Auch das Jungfraubild ist eine Menschenerscheinung. Sie weist aber über sich selber hinaus auf die Hervorbringung eines zweiten Menschenwesens. – Mit dem aufsteigenden Bild des Wassermanns wird die Frage nach dem eigentlichen Wesen des Menschen aufgeworfen. Wie diese Frage auch zunächst beantwortet wird: Bei näherer Betrachtung erweist sich das Wesen als in ständiger Entwicklung begriffen. Heute befindet es sich zumeist zwischen zwei Extremen: der Mensch als Abbild Gottes einerseits und andererseits der vom Affen abstammende Mensch („der nackte Affe"). – Mit dem Christentum erschien ein neues Menschenbild;

es war jedoch in seiner eigentlichen Gestalt schwer erkennbar, da Göttliches und Menschliches sich in der Erscheinung des Christus Jesus zu einer höheren Einheit zusammenschlossen. Wurde das Bild kritisch-analytisch betrachtet, fiel es leicht auseinander in einen menschlich-reduzierten Jesus von Nazareth und eine sich ins Unbestimmt-Geistige verlierende Christusgestalt. – Nach Anbruch des Fische-Kulturzeitalters taucht im Humanismus ein scheinbar neues Menschenbild auf. Es erwies sich als das wiederentdeckte Menschenbild des Griechentums.

Seit dieser Zeit erhält sich das Suchen nach Humanismus und einem neuen Menschenbild bis in die Gegenwart hinein. Das Streben entspringt auch dem Fischeimpuls, der nicht nur eine Erweiterung des Erdbildes aufsucht, sondern auch nach einer Erweiterung des Menschenbildes strebt. – Durch das Erscheinen der Anthroposophie im 20. Jahrhundert enthüllte sich ein Menschenbild mit umwälzend weiten geistig-physischen Dimensionen. In ihm können die verwandelten Reiche von Mineral, Pflanze und Tier wiedererkannt werden: der Mensch als zusammenfassendes Ergebnis aller Erdenreiche. Darüber hinaus wurde der übersinnlich-kosmische Mensch entdeckt. Die Wirklichkeit des irdischen Menschendaseins wurde sach- und wesensgemäß mit dem Kosmos, mit den Sternenwelten, verbunden. Die Entdeckung bestätigte das Menschenbild der Offenbarung des Johannes: Menschenmaß ist gleich Engelmaß (Apokalypse 21, 17). Die Engel sind übersinnlich-kosmische Wesen, eigentliche Sternenintelligenzen, wie sie das Mittelalter nannte. Diese Entdeckung und Enthüllung der Anthroposophie wurde zunächst von der Kulturwelt nicht angenommen. Auch in der Gegenwart wird sie nur zögernd oder unbestimmt aufgenommen. Das ist verständlich, da der Mensch als eine Kosmische Wirklichkeit eine Zukunftsenthüllung der herannahenden Wassermannzeit ist.

Was dem Menschen mit den Wassermannkräften entgegenkommt, ist nicht ein fest umrissenes Menschenbild. Der Mensch ist für die Freiheit geschaffen; er kann sie aber nicht unmittelbar verwirklichen. Zunächst liegt eine Bindung auch in dem, was das Wassermannbild selber zum Ausdruck bringt: Das Menschenantlitz ist an das Wesen kosmischer Tierkräfte gebunden. Doch der Freiheitskeim geht in der Denkfähigkeit des Menschen auf; hier kann er die Freiheit zuerst erleben. Daher wurde die „Philosophie der Freiheit" R. Steiners die entscheidende Einleitung und Vorbereitung zur anthroposophischen Geisteswissenschaft. Was sich im Denken zeigt, kann den ganzen Menschen durchdringen und erfassen. Es wird dadurch zu einer Wirklichkeit seines gesamten Leibesdaseins. Dann kann von einer „Physiologie der Freiheit" gesprochen werden. Für den Menschen ist dann nicht mehr ein bestimmtes Menschenbild charakteristisch, sondern der ganze Mensch ist ein ausgesparter Raum von Freiheitsmöglichkeiten. Die Hand des Menschen bildet einen physiologischen Ausdruck dieses Zustandes ab. Sie kann zu allem oder zu nichts verwendet werden. Das gleiche gilt für den ganzen Menschen. Daher sind seine Entfaltungsmöglichkeiten unüberschaubar groß, zum Guten und zum Bösen. Denn auch das Böse kann diesen „ausgesparten Menschenraum" als Wohnung einnehmen. Im 20. Jahrhundert hat sich ereignet, was immer in apokalyptischen Umbruchssituationen geschieht: Die Widersachermächte sind sofort zur Stelle, um die Offenheit und Unsicherheiten auszunutzen und das aufkeimende Neue für sich in Anspruch zu nehmen. Hier liegt der Grund, warum sich das Böse im 20. Jahrhundert in nie gekanntem Maße des Menschen bemächtigt hat. Auch die Widersachermächte wissen die neuen Möglichkeiten der völlig freien Wassermann-Menschenkräfte zu nutzen und die vom Erdenmenschen noch nicht ergriffene und erfüllte Leere der neuen Menschengestalt mit ihrem Wesen zu erfüllen.

Dem Wassermannbild steht das Sternbild des Löwen gegenüber. Auch in diesem Gegenüber ergibt sich eine dramatische Polarität. Die Wassermannkräfte zeigen eigentlich, daß der Mensch sich seiner geistig-physischen Umgebung zuwendet, um ein sichtbar-unsichtbarer Vermittler alles dessen zu sein, was aus dieser Umgebung einströmt oder von ihm aufgenommen wird. Die darin waltende Selbstlosigkeit würde nie dazu führen, daß sich der Mensch von sich aus in den Mittelpunkt stellt. Er verbleibt ein Diener der Weltenmächte. – Dagegen führen die Sternenkräfte des Löwen in ein Zentrum. Schon die unmittelbare Sinnesanschauung des Löwen zeigt, wie er das Mittelpunkterlebnis darlebt. Seine Kräfte suchen die anschaubare Verleiblichung im gestalteten Stoff. Sie führen zur zentrierten, majestätisch-kraftvollen Erdenerscheinung im Gegenüber zur eigentlich unsichtbaren Umkreiserscheinung des Wassermann-Engelmenschen. – Doch ist es nicht allein die sichtbare Erscheinung des Löwen, die einen bleibenden Eindruck hinterläßt. Durch seinen Körper hindurch strömt eine Kraft, die sich umfassend im Umkreis ausbreitet: Es ist die Stimme des Löwen, sein Brüllen. Wenn es die Nacht erfüllt, schweigt die übrige Tierwelt. Zum königlich-sonnenhaften Anblick des Löwen gehört das gewaltige Tönen seiner Stimme. Der Anblick ist das Zentrum, die Stimme erfüllt den Umkreis. Es ist daher verständlich, daß der Löwe in verflossenen Jahrtausenden eine dominierende Rolle im Vorstellungsleben der Menschen eingenommen hat. Auch, daß schließlich Jesus von Nazareth der „Löwe Judas" genannt wird (Apokalypse 5,5).

Das tönende Zentrum des Löwen ist die Herzregion. Die Laute entströmen dem Kehlkopf im Zusammenspiel von Herz und Blutkreislauf. Der ganze betonte Brustteil der Löwengestalt ist an der Tonbildung beteiligt. An der Löwennatur kann das Sonnenhafte der Lautbildung erlebt werden: Die Laute entspringen der Mitte, dem Herzen, das mikrokosmisch der Sonne entspricht. Der heutige Mensch hat hier Verständnisschwierigkeiten. Da die Sprache fast nur zur reinen Information geworden ist und durch den Kopf wiedergegeben wird oder sogar dort entsteht, wird der Ursprung der Lautbildung und der Sprache schwer erkannt. Er liegt im Herzen. Dieses ist zugleich das Zentrum des Fühlens und Empfindens. Die Seelenregungen sind die Quelle der Sprache. Die cherubimischen Löwenkräfte bringen ein neues Verhältnis zu den Klängen und Lauten und damit zur Sprache. Die erneuerten Sprachkräfte impulsieren ein neues Fühlen. – Auch hier stellen sich sofort die Widersachermächte dazwischen. Der Planet Erde hat wohl noch nie eine ähnliche Überflutung von Klängen, Rhythmen, Lauten, Sprachen und Geräuschen erfahren wie im 20. Jahrhundert. Die hierin auch anwesende „Antimusik" vermag den Menschen durch raffiniert-zerstörende Rhythmen und faszinierend-auflösende Klänge zu vernichten. Es werden im Menscheninnern Empfindungen, Gefühle und Impulse erzeugt, die Antiinstinkte hervorrufen. Sie bereiten unter anderem die Drogensucht unmittelbar vor.

Das Tierwesen Stier veranschaulicht den Kräftebereich des Sternbildes, das in der Zukunft in den nächtlichen Zenitraum des Tierkreises zur Winterwende eintreten wird. Der Stier ist ein Ausdruck des Willens. Während einer längeren Zeit in der Geschichte wurde die menschliche Begegnung und Auseinandersetzung, ja der Kampf mit den Willenskräften durch eine besondere Religion dargestellt: den Mithrasdienst. Die Gestalt des Mithras wurde als ein mit der Sonne verbundener Gott gesehen. Er tötete den Stier. Die Handlung wurde zum zentralen Motiv der verbreiteten Darstellung dieser Religion, die in den Jahrhunderten nach der Zeitenwende im römischen Heer eine gleiche, zeitweilig sogar größere Ausbreitung fand als das Christentum. Die Tötung des Stieres ist ein ähnlicher Vorgang wie die Widderopferung. Die in die Erdenwelt eindringenden Sternenkräfte müssen einen irdischen Tod erleiden. Die Überwindung des Stieres und seine Tötung erhält den Charakter eines besonderen Kampfes, weil es sich im allgemeinen Willensbereich auch um eine Auseinandersetzung mit dem eigenen Willen handelt. Es ist bekannt, daß der größte Sieg, den der Mensch erringen kann, der Sieg über sich selbst ist. Es ist die Überwindung des zu irdisch gewordenen menschlichen Eigenwillens. Diese Überwindung ist deswegen so schwer, weil der Wille des Menschen im Willen der Umwelt eingebettet ist und sich als ein Teil aus dieser irdischen Umwelt herauslösen muß. Die Stierkräfte enthüllen, daß in allem Wille wirkt. Er ist von den Schöpfungsmächten in das Sein hineingearbeitet und hineingeopfert worden. Der Schöpfungswille liegt als Daseinssubstanz im Untergrund aller Dinge tief verborgen. Erst wenn der Mensch durch den Schönheitsaspekt und durch den Erkenntnisinhalt der Erscheinungen hindurchgedrungen ist, stößt er auf den Weltenwillen. Dann kann er sagen, welcher Wille ein Mineral, eine Pflanze oder ein Tier bekundet. Was so als objektiver Wille in der Welt verborgen liegt, findet sich auch im Menschen. Hier aber ist der Wille subjektiviert. Nur der Mensch selber hat Zugang zu diesem Willen; nur er kann ihn zur Erscheinung bringen und überwinden.

In vorchristlichen Zeiten und einige Jahrhunderte nach der Zeitenwende konnte auf die Willensüberwindung durch das Bild der Stiertötung hingewiesen werden. Durch die Entwicklung des Christentums werden die bisher dunklen und unbekannten Willensmächte immer mehr aufgehellt. Die entscheidende Frage im Hinblick auf den Willen der Sternenmächte und des Menschen ist: In welcher Art waltet dieser Wille? Wie lebt er sich aus? Die gründenden Ereignisse des Christuslebens gaben zunächst eine umfassende Antwort: Der göttlich-menschliche Wille geht durch Verwandlungen hindurch. Leib und Blut Christi verwandeln sich in Brot und Wein. Der Tod verwandelt sich in Auferstehung. Die Auferstehung verwandelt sich in die Himmelfahrt. Das alles sind Metamorphosen Gottes in Menschengestalt. – Der Wille waltet überall in der Schöpfung durch fortwährende Verwandlung; er lebt sich in Metamorphosen aus. – Das wurde im Verlauf der christlichen Kultur im Altarsakrament durch die Verwandlung (Transsubstanziation) immer erfahren. Sie konnte aber zunächst nicht von

Menschen gedacht, nur wollend und empfindend erlebt werden. Als dann mit dem Protestantismus der rationale Gedanke in das religiöse Leben einzog, standen alle Reformatoren ratlos vor dem Altarsakrament. Es wäre völlig abgeschafft worden, hätte nicht Martin Luther (1483–1546) aus einer ursprünglichen Empfindung heraus daran festgehalten. Als einsehbarer Gedankeninhalt war das Verwandlungsgeschehen verlorengegangen.

Mit dem Anbruch des 20. Jahrhunderts nahm die entstehende Anthroposophie eine wissenschaftliche Methode auf, die schon die Grundlage des Lebenswerkes von J. W. Goethe (1749–1832) war. Sie wurde im geisteswissenschaftlichen Sinne weitergebildet und später bekannt als „Goetheanismus". Bei Goethe hatte sie zur Erfahrung und Darstellung der „Urpflanze" geführt. Diese Erscheinung entstand als eine Wahrgenommene Bildgestalt in Goethes Vorstellung durch fortgesetztes, nach außen gerichtetes lebendiges Beobachten der sich entwickelnden Pflanzenformen. Es war ein in die Umwelt führender Willensweg, begleitet von einem anschauenden Denken. Goethe hatte einen Willensuntergrund der Schöpfung entdeckt; er hätte – nach eigener Aussage – noch nicht geschaffene Pflanzen neu hervorbringen können. Indem die anthroposophische Geisteswissenschaft die Methode Goethes weiterentwickelte, führte sie zur Darstellungsmöglichkeit von grundlegenden Erkenntnissen der Entwicklung von Erde und Mensch. Die dargestellten Metamorphosen der Erde durch planetarische Entwicklungen hindurch und die Verwandlungen des Menschen durch seine Lebensstufen mit Einbeziehung des nachtodlichen Lebens schufen ein neues Bild der Erde und des Menschen. Das alles wurde durch die sich neu ankündigenden Sternenwillenskräfte des Stierbildes ermöglicht. Sie waren bis zum 20. Jahrhundert in den unbekannten Willenstiefen verborgen und gebunden. Nun steigen sie als Morgenimpuls eines kommenden Wassermannzeitalters in den Bereich des Vorstellens empor und ergreifen und durchdringen das Denken in neuer Art. Besonders anschaulich wird dieser Vorgang, wenn auf den menschlichen Kehlkopf hingeblickt wird. Dieses Organ entspricht im Menschen den wirkenden Stierkräften. Der Kehlkopf bildet sich als ein vermittelndes Glied zwischen dem Haupt und dem übrigen Menschen. Was aus dem ganzen Menschen als Willensimpulse und Gefühlsregungen nach oben dringt, wird im Kehlkopf gestaut, um in Sprache oder Sprachimpulse verwandelt zu werden. Sie erst ermöglichen den über dem Kehlkopf liegenden höheren Partien des Hauptes, daraus den Denkprozeß zu gestalten. Auch in diesem Vorgang werden die Verwandlungskräfte des Stierwesens offenbar.

Bevor die neuen Adler-Sternkräfte wirksam werden können, muß die Todesmacht des Skorpions in der Welt voll wirksam werden. Der Tod ist eine kosmische Macht. Daher findet der Mensch, wenn er aus heutiger Anschauung in den Kosmos eindringt, nicht das von ihm gesuchte Leben oder die erwarteten Lebewesen, sondern nur eine tote Welt. Die Menschen der Vorzeit sahen im Kosmos eine vielfältige Offenbarung göttlicher Wesen. Die Gegenwart sieht den Kosmos als von Menschen entdeckte astrophysikalische Erscheinungen. So einseitig die moderne „Weltanschauung" ist: Sie ist die Grundlage für die äußere zivilsatorische Welt des 20. Jahrhunderts und zugleich die notwendige Grundlage für das Entstehen einer gegenwartsnahen, sachgemäßen Geisteswissenschaft. – Das Wesen der Todeskräfte erscheint schon deutlich im Jahreslauf. Diese Kräfte nehmen im Herbst das hinweg, was durch Keimen, Wachsen und Blühen entstanden ist. Es wird Platz für einen Neuanfang im darauffolgenden Frühling geschaffen. Es gäbe kein Frühlingserlebnis neuaufkeimenden Lebens, zerstörten nicht die Todesherbstkräfte das Gewordene. Vordergründig ist der Jahreslauf immer eine Wiederholung des gleichen. Die Ereignisse durch das Jahr sind jedoch ein spätes, festgelegtes Abbild der großen Evolutionphasen der Welt. Sie bergen auch Wiederholungen in sich; doch ihr eigentliches Wesen ist Fortschreiten und Entwicklung auf ein Ziel hin. Hierbei ist jeder Untergang und Tod genauso wichtig wie Aufgang und Entfaltung. Beide Gegensatzpaare sind Polaritäten, die erst zusammen eine andersartige höhere Einheit hervorbringen: das höhere Leben.

Auch die Begründung des Christentums bestätigt das hieraus abzuleitende Daseinsgesetz: Der Christustod – immer wieder nachträglich bedacht am Karfreitag – war die Voraussetzung für die Osterauferstehung. Die Skorpionskräfte des Verrates schufen die Voraussetzung für das Auferstehungsleben. – Die erstorbene Welt ist für den Menschen zugleich die Grundlage seiner Freiheit. Nur einer Welt gegenüber, die nicht durch bindende Lebenseinflüsse auf den Menschen einwirkt, kann sich Freiheit im Menscheninnern entwickeln. Bleibt der Mensch aber bei den Ergebnissen des Weltentodes stehen, wird er selber Teil einer erstorbenen Welt. Dann entsteht eine gespenstige Todes-Skorpion-Welt mit ihren Bewohnern. Von den Menschen, die zu diesen gehören, sprach der Christus:

„Laß die Toten ihre Toten begraben" (Matthäus 8,22). Obwohl die Skorpionskräfte prinzipiell durch die Auferstehung überwunden sind, fällt immer ein Teil dieser Kräfte weiter aus dem übergeordneten Lebenszusammenhang heraus und führt zu noch weitergehenden Todeswirkungen. Die noch nie dagewesenen zerstörerischen Kräfte des 20. Jahrhunderts sind ein Ausdruck dafür. Dem Verrat an Christus zur Zeitenwende folgt im 20. Jahrhundert der Verrat der Menschen an der Erde und dem Kosmos selber. Darum sterben Wälder, Tiere und Pflanzen; auch werden die Strukturen der Mineralien zerstört. Es sind die Wirkungen der Skorpionskräfte, die nicht vom Adlerwesen der Auferstehung berührt sind. Auch diese Ereignisse sind die dramatischen Vorboten eines Wassermannzeitalters.

Zwei Eigenschaften charakterisieren das Tierwesen Adler: sein selbst aus großer Entfernung genau wahrnehmendes Auge und seine Flugfähigkeit. Das eine läßt ihn aus der Höhe die Weiten erblicken, das andere führt ihn aus den Tiefen in die Höhen. Als Bild seelisch-geistigen Lebens verbanden die Menschen mit diesem Tierwesen das Element des Weitsichtigen Schauens und des ordnenden Überblickes. In den mythologisch-historischen Überlieferungen wurde das Sehvermögen des Adlers in Verbindung mit der Sonne gebracht: Der Adler könne ungeblendet in die Sonne blicken und zöge nur die Jungen auf, die dieses auch könnten. Nach dem Werk „Physiologus" von Plinius dem Älteren (23–79) fliegt der Adler im Alter zur Sonne empor, taucht dreimal in eine Quelle unter, um dann seine Sehkraft wiederzuerlangen. – Die von den Menschen empfangenen imaginativen Anregungen aus dem Miterleben dieses Tieres führen in die Bereiche des Schauens, der Höhen und der Sonne. Es sind Eigenschaften der cherubimischen Sternenwesen selber. Denn auch sie haben wie der Adler Flügel, jedoch innen und außen mit Augen besetzt. Mit ihren Flügeln durchdringen sie die Weiten des Kosmos und das Sein der Erde, während sie nach außen die geistig-physische Umwelt und nach innen das Ergebnis ihrer Wirkungen als eigenes Wesen wahrnehmen. Mit den schauenden Kräften können im vorausschaffenden Vorblick neue Ordnungen entstehen, die in der Zukunft Wirklichkeit werden. Damit gestalten die Cherubim die Zukunft. Die Sternenkräfte erneuern ihr Leben selbst durch Untertauchen in den Quell der geistigen Sonne. Die Verwandtschaft des Evangelisten Johannes – der „bleiben" solle bis zur Wiederkunft Christi – mit diesen cherubimischen Adlerkräften führte dazu, ihm den Adler als Bildausdruck seiner geistigen Wesenheit zur Seite zu stellen.

Die Sternenkräfte von Stier und Skorpion/Adler stehen sich gegenüber wie Leben und Tod oder Erdenwille und Weltengeist. Im verborgenen Willensleben der Stierkräfte erkannten die Sternenkundigen das Wesen des Planeten Venus im Nachtaspekt. Die Liebeskräfte dieses Planeten wirken sich hier als Lebenswille aus. Daher spricht man davon, daß die Venus die Beherrscherin der Stierkräfte ist. Die waltenden Willens-Liebe-Kräfte enthüllen sich im Evangelium des Lukas. In diesem Evangelium sah man die geistig-seelischen Impulse der Stierkräfte. – Der Tagesaspekt des Planeten Mars findet sein Zuhause im Bereich des Skorpions, aber auch des Adlers. Beide Tiere leben in Auseinandersetzungen mit der Umwelt: Der Skorpion sucht in der Nacht seine Beute, die er mit Scheren oder Stachel tötet. Der Adler stürzt – geleitet vom Sonnenlicht – auf sein Nahrungsziel, das er mit scharfer Klaue und Schnabel erbeutet und verzehrt. Das kriegerische Marselement ist darin offensichtlich. – In neuerer Zeit wird der letztentdeckte Planet Pluto dem Skorpion/Adler zugeordnet. Der Zusammenhang wird anfangsweise durch die Extreme von Tod und Weltengeist dieser Tierkreiskraft erkennbar: Als entferntester Planet und augenblickliche Grenze unseres Planetensystems umschließt seine Bahn auch die Bereiche von Leben und Tod. Insofern stellen diese Tierkreiskraft und dieser Planet gleiche Extreme dar.

In dem Gegenüber der Bilder von Wassermann und Löwe lebt sich die Polarität von Mensch und Welt dar; aber auch das Gegenüber von Geistgedanke und verleiblichtem Wort. Im Gedanken wird die Welt erkannt; im Worte verbindet sich der Mensch mit der Welt. – Bisher wurden die Kräfte des Wassermannes als Eigenbereich des Planeten Saturn gesehen. Da es sich um den Nachtaspekt handelt, ist seine Beziehung zu diesen Sternenkräften verborgener Natur. Saturn wäre demnach der verborgene Planetenstern des Menschenwesens. Im Lichte des früheren Todesaspektes dieses Planeten kann man sagen: Nur der Mensch stirbt; das Tier verendet, die Blumen verwelken, die Minerale zerstäuben. Der Mensch allein kann seinen Tod immer vor Augen haben und ihn dadurch überwinden. In dieser Tatsache besteht das Wesen des Menschen. Insofern ist Saturn der Stern des Menschen. Der Wassermannaspekt wurde vom Matthäusevangelium aufgenommen. Wie dargestellt, beschreibt das Evangelium insbesondere die

Gegenwart
21.12. - 24 Uhr

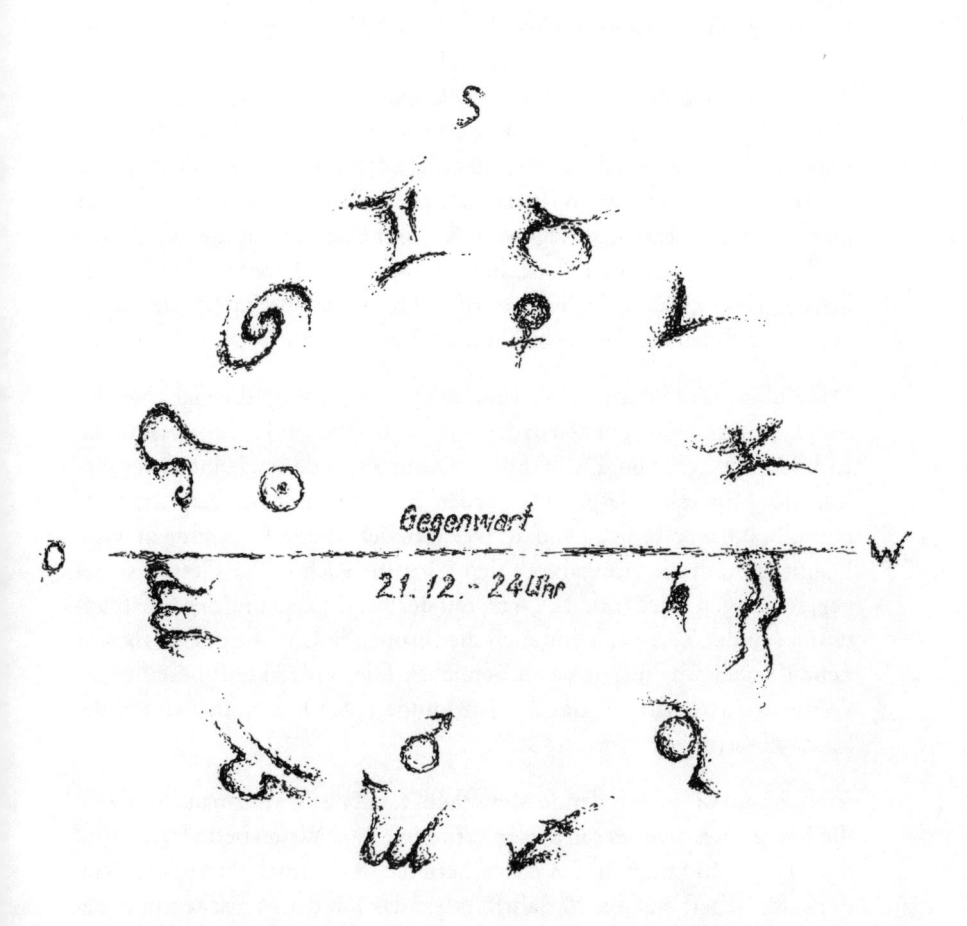

menschlich-irdische Seite des Christuswesens. – In neuerer Zeit wird der neuentdeckte Planet Uranus im Wassermann als dem ihm zugehörigen Bereich gesehen. Aus der vorangehenden Schilderung geht hervor, wie die Wassermannkräfte Erweiterungsimpulse aufnehmen. So ist verständlich, daß der Planet Uranus, der jenseits der klassischen Saturngrenze auftaucht, Träger jener Kräfte wird, die gewissermaßen direkt von der Fixsternwelt selber stammen und in dieser Art umwälzend und erneuernd mit Möglichkeiten einer neuen Evolution in das klassische Planetensystem mit der Erde „einbrechen". – Das Zentralgestirn der Sonne beherrscht die Sternkräfte des Löwen. Als Stern und Planet führt die Sonne das Leben in die Verstofflichung hinein; das Erdenleben wird sichtbar und anschaubar durch die verleiblichenden und hervorbringenden Sonnenkräfte.

Das Zukunftsbild der Offenbarung des Johannes zeigt die vier cherubimischen Sternwesen um den in der Mitte befindlichen Thron versammelt. Er bildet ihr Zentrum. Der auf dem Thron Sitzende erscheint in der Gestalt der Mineralien Jaspis und Sarder. Erst am Ende des Kapitels wird enthüllt, um wen es sich handelt: Der war, der ist und der kommen wird. Damit enthüllt die Apokalypse den Christus auch in der Gestalt seiner gegenwärtigen Wiederkunft. Denn mit der Verwirklichung des Geistpanoramas in der Zeit erscheint auch die thronende Christusgestalt als eine neue Erscheinung im irdischen Bereich. – Die Wiederkunft bestätigt die Geisteswissenschaft für das 20. Jahrhundert. Sie findet im Bereich der ätherisch-astralischen Kräfte statt.

Im Blick auf die zu erfüllende Menschengestalt des Wassermanns entsteht die Frage nach dem Wesen dieser Erfüllung. Das Wesen befindet sich auf dem Thron und trägt in sich das höhere Ich des Menschen. Mit der Wiederkunft nähert sich im 20. Jahrhundert das Ich des Menschen in neuer Gestalt. Die Ich-Gestalt findet in der Sternstruktur des Stieres die W i l l e n s k r ä f t e , die sein Handeln ergreifen. Sie dringen vor bis zum denkenden Haupte. Aus den cherubimischen Impulsen des Löwen gehen die neuen G e f ü h l s k r ä f t e hervor. Sie ergreifen rhythmisch die Herzensmitte des Menschen. Im Wesen des Adlers entdeckt der Mensch die neuen D e n k k r ä f t e , die bis in die Tiefen seiner Gliedmaßen dringen. Neues Wollen, Fühlen und Denken umgeben das Menschen-Ich.

Der neuen Ich-Gestalt des Menschen ist die Aufgabe zuerteilt, die anwesenden Kräfte des Wassermanns mit den wiederkommenden Christus-Ich-Kräften zu durchdringen. Dem Menschen wird dieses durch den Empfang der Kräfte der Wiederkunft möglich. Das ist ein Weihevorgang. Indem das Wesen der cherubimischen Kräfte „mit dem Antlitz des Menschen" schon anwesend ist, kann von einer Menschenweihe im Menschen gesprochen werden.

Eine umfassendere Menschengestalt offenbart sich. Die Weihe ergreift dann den ganzen kosmisch-irdischen Menschen und bildet daraus eine Einheit. Darin liegt die Berechtigung, daß im erneuerten christlich-religiösen Leben von einer „Menschenweihehandlung" gesprochen werden kann, als von dem gegenwärtig aktuellen Gottesdienst. Noch vor 100 Jahren wäre dies als erschreckende Ketzerei mit anschließenden ernsten Folgen erlebt worden. Die Tatsache enthüllt in klarster Weise den Umbruch im 20. Jahrhundert in Richtung auf eine neue Menschengestalt im Lichte der Wassermannsternenkräfte. – Erhöht sich der Anteil der Aktivität des Menschen innerhalb dieses Vorganges, so daß er nicht alleine ein Empfangender ist, sondern durch seinen Beitrag erkenntnismäßig weiter in diese Zusammenhänge eindringt, wird er eine Einweihung erfahren. Sie bedeutet, daß er nicht nur existentiell, sondern erkennend innerhalb der Vorgänge steht. Die christliche Weihe führt ihn zum Bewußtsein des Geistes, die neue Einweihung zur Erkenntnis des Geistes.

Die Erfahrung der Impulse eines „Wassermannzeitalters" geht hervor aus einem neu-inaugurierten christlichen Rhythmus. Dieser hat sich vom äußeren Sternenrhythmus befreit, verläuft aber noch in seiner Nähe. Zwar ist die Gegenwart noch fast 200 Jahre von der Erfüllung der 2160 Jahre dieses Rhythmus entfernt; doch erscheint das Neue wie das Frühlicht nach einer Nacht: Lange bevor die Sonne selber aufgeht, breitet sich das neue, zarte Licht im Umkreis aus. So wie dieses ist die neue Offenbarung „Zukunftswort". Hier ist auch der Grund zu suchen, warum die „Wassermannoffenbarung" des 20. Jahrhunderts zunächst nur von wenigen Menschen seiner Wirklichkeit nach aufgenommen werden konnte. Eine neubeginnende Zukunft vieler kommender Jahrhunderte war hier im voraus in das 20. Jahrhundert hineingestellt worden.

Es konnte im vorangegangenen dargestellt werden, wie das Werden der Menschheit von mehr als nur einem einzelnen Sternenrhythmus impulsiert und durchwoben wird. Der Impuls des astronomischen Beginnes eines neuen Zeitalters wurde von einer kleinen Gruppe Menschen um den Erzvater Abraham aufgenommen. Für die damalige Menschheit wurde der Impuls erst in der Mitte der neuen Sternenzeit voll wirksam. Die Zeit verwandelt sich in einen verwandten, zweiten Rhythmus: in die astrologische Zeitspanne von 2 160 Jahren. Mit dem Einzug des Sternenwesens durch das Christentum in die Erdenwelt wird der Sonnen-Erden-Rhythmus zur Zeitenwende neu begründet; er wird zu einem irdischen Eigenrhythmus, der aber verwandt mit dem fast gleichzeitig einsetzenden Rhythmus des Fischesternbildes verbleibt.

Grundlegende makrokosmische Rhythmen durchdringen und impulsieren die Menschheit in ähnlicher Art wie der physisch-menschliche Organismus mikrokosmisch von verschiedenen Rhythmen durchdrungen wird. Ähnliches gilt für das menschliche Seelenleben. Wird in dieses hineingeschaut, so ist deutlich, wie zunächst drei grundlegende Zeitfaktoren im Seelenleben rhythmisch, aber auch unrhythmisch wirksam sind. Der Mensch muß sich immer mit der Vergangenheit auseinandersetzen; er erlebt in dieser seinen Ursprung. Von innen und von außen wird er aufgefordert, die Vergangenheit aufzugreifen und als Grundlage für sein gegenwärtiges Tun zu verwenden. Die Existenz des Menschen in der Gegenwart setzt eine Vergangenheit voraus. Schwieriger ist zu sehen, wie die Zukunft in das Seelenleben hineinwirkt. Zunächst ist aber deutlich, daß, wenn nur Vergangenheit und Gegenwart im Menschen wirksam sind, das menschliche Dasein vergangenheitsgebunden wird. Es entsteht nichts Neues und damit kein Fortschritt. Erst zukünftige, neuerfaßte Ziele befreien den Menschen aus dem Banne der Vergangenheit. Bewußt und unbewußt ist die Zukunft in dieser Art im Menschen wirksam. Das Maß der Bewußtheit wird für das Verhältnis des Menschen zur Zukunft entscheidend sein. Das menschliche Seelenleben ist nur vollständig ausgebildet, wenn die drei Zeitkräfte von Vergangenheit, Gegenwart und Zukunft im Leben wirksam sind. In harmonischer Art geschieht dies durch rhythmisches Gestalten, wenn etwa immer wiederholt regelmäßig auf Vergangenes, Gegenwärtiges und Kommendes hingeblickt wird.

Der gegenwärtige Bewußtseinszustand der Menschheit, die Bewußtseins-Seele, erfordert, daß die Zeitprozesse im Seelenleben wieder an kosmische Sternenwirksamkeiten Anschluß finden. Daher das starke gegenwärtige

Interesse an ihnen. Der Mensch findet im Sternenwirken die makrokosmische Entsprechung zu den in seiner Seele wirksamen Zeitkräften. Im Kosmos erkennt er die Kräftestrukturen der Vergangenheit als den Widdertierkreis. Das Sein der Menschen ruht auf dieser Struktur; sie wird als Kräfte immer wieder in sein Dasein eintreten. – In der Fischetierkreis-Konstellation findet der Mensch die kosmische Entsprechung zu allem, was als Gegenwartsherausforderung an ihn herantritt. Die Fischekräfte leben sich in der gegenwärtigen menschlichen Existenz aus. Innerhalb dieses Kräftebereichs kann der Mensch das Christentum als unmittelbar gegenwärtiges Wirken finden und nicht nur als eine aus der Vergangenheit übernommene religiöse Tradition oder Einrichtung. – Den Inhalt einer kommenden Wassermanntierkreis-Konstellation trägt die Menschenseele schon jetzt als Folge eines fortschreitenden apokalyptischen Christentums in sich. Die Wassermannkräfte sind Zukunftsinhalte der Menschenseele, in der die erkannten Ziele aufleuchten, die Zukunft, schon in der Gegenwart vorbereitend, sachlich zu begründen. Durch den Wiederanschluß an die kosmischen Kräfte erfährt die Menschenseele die notwendige Erweiterung zur Bemeisterung der bedrängenden Gegenwartsaufgaben.

Erneuerung und Horoskop

Es ist dargestellt worden, wie der direkte Einfluß der astronomischen Sternbilder einstmals vorhanden gewesen ist. Dann hat sich die Zeichensphäre gebildet. Sie stand als ein „Zwischenhimmel" zwischen den Menschen und der realen Sternenwelt. Dies ist auch heute noch so. Denn am Lebensausgangspunkt treten den kosmisch-geistigen Gesetzen „diejenigen, welche aus den Bedingungen der Erdenentwicklung stammen", entgegen. Der Mensch unterliegt noch den Kräften der Vergangenheit. Doch verbleibt dieser Zustand nicht so. Die richtige Überwindung der Bedingungen geschieht organisch in der Art, daß der Mensch zur Erfassung der gegenwärtigen Realitäten geführt wird. Der Weg der Freiheit führt nicht in das Nichts, sondern in die Anerkennung der Umwelt-Wirklichkeiten. Zu ihnen gehören die Sterne am Himmel. Ihrerseits sind sie nun in das Auferstehungswirken des Christus mit einbezogen. Ihr Wirken veranlaßt eine kosmische Verwandlung. Die Sternenkräfte erscheinen im Äußeren als die alten, tragen aber in sich die Kräfte eines neuen Himmels. Er muß zunächst am alten anschließen, damit sich die Verwandlung ereignen kann. Was vom Menschen durch eine Befreiung von alten Bindungen ausgeht und die Hinwendung zu einer neuen äußeren Wirklichkeit, trifft auf Impulse, die von den gegenwärtigen Sternenwirkungen ausgehen. Dabei entsteht eine verwandelte höhere Wirklichkeit. Der Zustand, der einstmals als eine Einheit des Menschen mit den Sternenkräften vorhanden war, wiederholt sich auf einer höheren Stufe: mit dem Ertrag der Freiheit, der es dem Menschen ermöglicht, über sein neues Verhältnis zu den Sternen ein f r e i e s B e w u ß t s e i n zu bilden. Der Weg des Menschen führt damit in neuer Art von den Zeichen zu den Bildern und damit vom Widdertierkreis zum Fischekosmos (Kosmos insofern, als das Fischebild zugleich eine Pforte zum übrigen Sternenhimmel ist). Es ist eigentlich der irdisch-kosmische Weg der Nachfolge Christi. Wesentlich dabei ist, daß immer der Ertrag der vergangenen Widder-Konstellation mit eingebracht wird. Das ist ein mikro- und makrokosmischer Verwandlungsvorgang. Himmel und Erde schließen sich dadurch fortschreitend neu zusammen.

Im Hinblick auf die hiermit verbundene Erneuerung des Horoskops wird es notwendig sein, sowohl Zeichen als auch Bilder zu berücksichtigen. Der Bezug zu den letzteren verbleibt zunächst als offene Frage an den gegenwärtigen Menschen. Neben dieser Doppelheit sollte eine zweite Bedingung erfüllt werden, die schon in der Gegenwart ihre Berechtigung und Wirklichkeit zeigt. Im bisherigen Horoskop wurden die sichtbaren und unsichtbaren Hälften des Himmels in ihren wechselnden Stellungen in jeweiliger Übereinstimmung mit Geburtsort und Geburtszeit wiedergegeben. Ein Bezug zu dem gegenwärtigen Sternenurbild, wie er in dieser Darstellung gegeben ist, entsteht dabei nicht. Das Urbild zeigt die wesenhaft-gegenwärtige Beziehung des Kosmos zum Menschen durch die Weltenachsen von oben und unten, links und rechts oder von Haupt und Gliedern und innerer und äußerer Mitte des Menschen. Die Beziehung ist zunächst eine ganz elementare, aber außerordentlich wesentliche. Sie veranschaulicht, wie der Mensch in den Gesamtkosmos hineingestellt ist, zunächst unabhängig von den Sternen selber aber auch unabhängig von der besonderen Tag-Nacht-Konstellation (sichtbare und unsichtbare

Hälfte des Himmels) seiner Geburtsstunde. Wird jedes Horoskop auf diesem Hintergrund aufgezeichnet, entstehen unmittelbar ablesbare, phänomenologische Bilder der einzelnen Individualitäten, die darüber hinaus direkt vergleichbar untereinander sind. Guenther Wachsmuth hat solche Beispiele in seinem Werk „Kosmische Aspekte von Geburt und Tod" gegeben (Dornach 1956 und später). Es werden im folgenden einige Beispiele wiedergegeben, die aufzeigen wie hier eine Phänomenologie entwickelt wird, die Grundelemente einer erneuerten Astrologie, einer „Astrosophie" in sich trägt. Zu den von G. Wachsmuth erstellten Horoskopen wurden in den folgenden die fehlenden Stellungen der transsaturnischen Planeten Uranus und Neptun hinzugefügt.

Der äußere Tierkreis in den folgenden Horoskopen zeigt die gegenwärtige astronomische Jahresmitternachtsstellung der Sterne wie in den vorliegenden Darstellungen schon beschrieben. Die Himmelsrichtungen dieses Kreises sind so angeordnet, daß die obere Hälfte mit den Richtungen der sichtbaren Sternbilder übereinstimmt, wie ein Beobachter sie heute zur entsprechenden Stunde des Jahres am Südhimmel vor sich hat. Der innere Kreis stellt den astrologischen Tierkreis mit den Zeichen in der gegenwärtigen Versetzung gegenüber den Bildern dar; sie beträgt etwa 24 Grad. Die Planeten sind entsprechend dem a s t r o l o g i s c h e n Stand eingetragen, also gegenüber dem inneren Tierkreis. Da der Mond sich schnell bewegt und die Geburtsstunde einer Individualität oft nicht bekannt ist, wird dieser Planet hier nicht berücksichtigt. Es wäre möglich ihn für die Einzelheiten des persönlichen Schicksals auch hinzuzufügen. Für das grundlegende Verhältnis zum Kosmos genügen die weiteren Planeten, die schon Wesentliches zum Ausdruck bringen.

Der Dichter Dante Alighieri (1265–1321) verkörperte als Dialektiker, Lehrer und Prediger die vollständige christliche Gedankenwelt des Mittelalters. Die Haupteserkenntniskräfte waren bei diesem bedeutenden Denker voll ausgebildet; sie brachten neben genauen Begriffen umfassende und farbige Bilder hervor. Sie sind in seiner großen Dichtung „Die Göttliche Komödie" ausgebreitet. Der Maler Raphael gab nur Dantes Kopf in seinen urbildlichen Darstellungen herausragender Individualitäten des Abendlandes auf dem Fresko „Disputa del' Sacramento" wieder. Auch bei anderen Abbildungen Dantes genügte es, nur Kopfbilder wiederzugeben, um einen abschließend-wesenhaften Eindruck dieser Individualität hervorzurufen. Die Konzentration der klassischen Planeten mit Uranus in den Höhen im Bereich der Zeichen Krebs – Zwillinge – Stier und dem Neptun entsprechen den intensiven Vorgängen im menschlichen Haupte. Schon die äußere Phänomenologie dieser Art des Horoskops zeigt die Übereinstimmung zwischen Sternenwesen und Menschennatur.

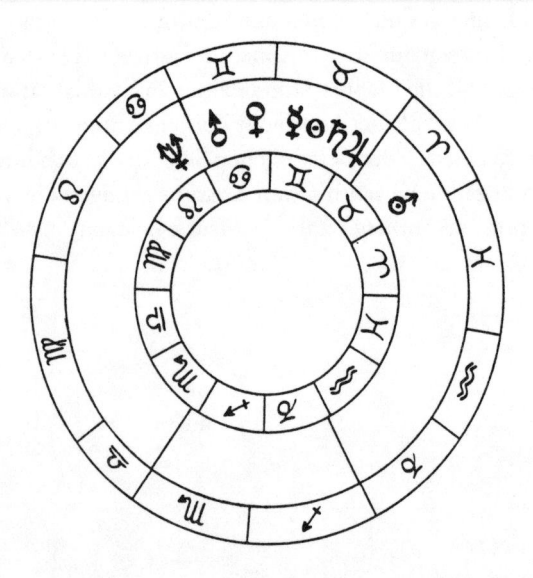

Dante Alighieri   * *Florenz, Mai 1265*

Den entgegengesetzten Pol der Menschennatur verkörpert der französische Diplomat und Ingenieur Ferdinand de Lesseps (1805–1894). Seine Lebensziele waren nicht auf die Höhen des Geistes, sondern auf die Tiefen der Erde gerichtet. Lesseps war von der Idee fasziniert, Kontinente voneinander zu trennen. So wurde er zum Initiator und Leiter des Suezkanalbaues. Enorme Widerstände türmten sich bei der Größe des Projektes vor ihm auf. Sie wurden von seinem erdwärts gewendeten Willen überwunden. Die glückliche Durchführung des sich über 10 Jahre erstreckenden Großunternehmens genügte ihm nicht. Im Jahre 1879 beginnt Lesseps den Bau des Panamakanals. Bei diesem Projekt führten die Widerstände zu solchen Verwicklungen, daß er zu einer längeren Gefängnisstrafe verurteilt, aber dann wieder freigesprochen wurde. Lesseps Leben endete in geistiger Umnachtung. Die Planetenkonzentration im Horoskop Lesseps weisen geballt auf die Tiefen des Willenslebens. Sowohl die Planeten Dantes als auch Lesseps befinden sich jeweils in den Spannungsfeldern des Vertikalbereiches – durch Diagonalgrenzen gekennzeichnet. Sie bringen Polarisationskräfte zum Ausdruck, während die horizontalen Felder den Bereich der Ausgleichskräfte aufzeigen.

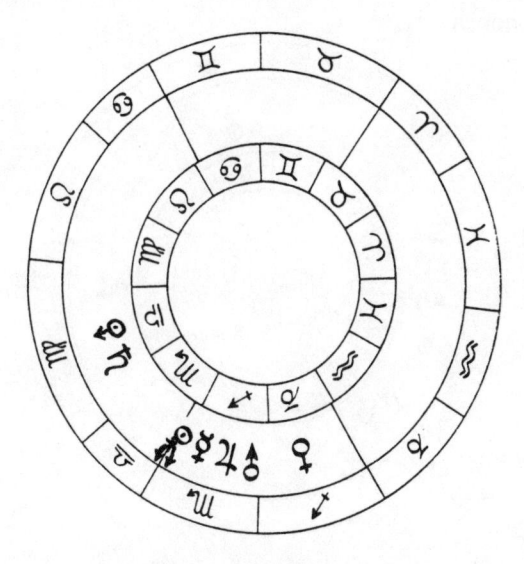

Ferdinand de Lesseps * *Versailles, 19. November 1805*

Der horizontale Bereich des Horoskops veranschaulicht die von der ausgleichenden Mitte des Menschen ausgehenden Lebensimpulse. Dabei stellt die Ostseite (links) die mehr zur Verinnerlichung tendierenden und aus dem Menscheninneren des Herzbereiches hervorgehenden Impulse dar. Besonders urbildlich kommt in diesem Bereich die Geburtskonstellation im Schicksal des norwegischen Diplomaten und Wissenschaftlers Fridtjof Nansen (1861–1930) zum Ausdruck. Nur die transsaturnischen Planeten befinden sich im westlichen Ausgleichsbereich (rechts). Nansen zeigte ungewöhnlichen Mut mit der Initiative zur Überquerung des Binneneises auf Grönland, die er 1888 durchführte. Seine Expeditionen waren immer von bedeutenden wissenschaftlichen Aufgaben begleitet. Er löste die größten Rätsel des Nordpolarmeeres in Verbindung mit der Erforschung des innerarktischen Tiefseebeckens und der ostwestlichen Eisströmung. Doch der eigentliche, aus der Herzensmitte des Menschen entspringende Sozialimpuls enthüllte sich in seiner einzigartigen Hilfsaktion für das hungernde Sowjetrußland in den Jahren 1921–23. Nansen konnte diese Aktion als Hochkommissar des Völkerbundes durchführen. Er konnte außerdem einen Ausweis für Tausende staatenloser russischer Flüchtlinge einführen, den nach ihm benannten Nansenpaß. Fridtjof Nansen erhielt für diese menschheitshumanen Leistungen im Jahre 1922 den Friedensnobelpreis.

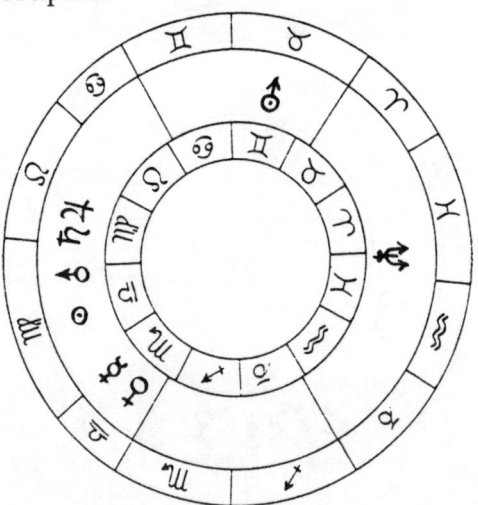

Fridtjof Nansen   * Oslo, 10. Oktober 1861

Die Relativitätstheorie des Physikers Albert Einstein (1879–1955) führte zu grundlegenden Veränderungen der Anschauungen von Raum und Zeit. Die erweiterte a l l g e m e i n e Relativitätstheorie (1915) ist heute noch nicht vollständig abgeschlossen. Die Richtung dieser Theorien strebt an, alle Erscheinungen von Raum und Zeit durch mathematische Formeln zu erfassen. Die menschliche Seele kann dabei nicht mehr beteiligt sein und auch nicht der menschliche Sinnesorganismus. Denn fortgeschrittene mathematische Formeln sind denkbar, aber nicht seelisch erlebbar und nicht vorstellungsmäßig anschaubar. Die Relativitätstheorien stellen dadurch eine ins Extreme gehende mathematisch-abstrakte Veräußerlichung des Weltverständnisses des Menschen dar. Im Horoskop Einsteins erscheint diese Tendenz in der Konzentration der Planeten im rechten Bereich, der die Beziehung des Menschen zur äußeren Welt veranschaulicht. Darüber hinaus befindet sich der Planet Mars gerade noch im unteren Polarisationsfeld des Willens. Damit verläuft die Gesamttendenz der Planeten nach rechts unten und damit extrem stark nach außen.

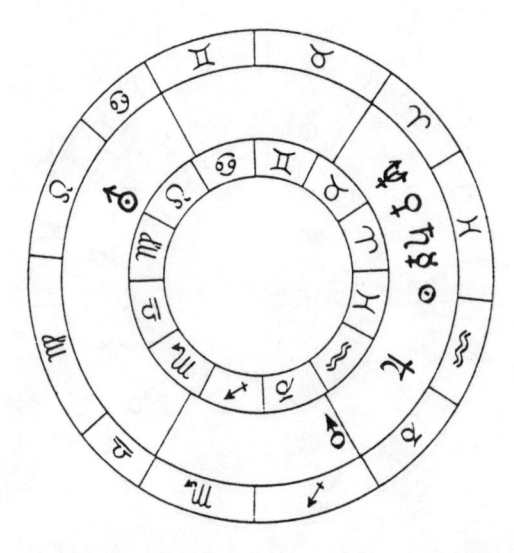

Albert Einstein   **Ulm, 14. März 1879*

Als ein Beispiel ungewöhnlicher Ausgeglichenheit erscheint das Horoskop Leonardo da Vincis (1452–1519). In der horizontalen Ebene der Harmonisierung steht im Osten im Waagezeichen der die Vergangenheit bewahrende Großplanet Saturn zusammen mit Neptun. Ihm gegenüber stehen im Westen fast alle übrigen Planeten mit der Sonne. Sie sind annähernd gleichmäßig offen verteilt: drei Planeten in jeweils einem Sternzeichen, Sonne und Venus zusammen in einem. Nur Uranus steht oben nahe dem Zenit. Die kritische Opposition von Saturn und Merkur wird durch die harmonische Gesamtgestalt eines etwas unregelmäßigen Dreiecks zwischen Saturn, Venus und Mars ausgeglichen. – Die Kunstwerke Leonardos erscheinen in substantieller Ausgewogenheit, als hielten sie ein genaues Gleichgewicht zwischen Himmel und Erde, zwischen Licht und Finsternis und zwischen Erkenntnis und Liebe. Welten-Waage-Kräfte offenbaren sich in den Werken des Künstlers. Leonardos wissenschaftliches Werk greift weit in die Zukunft und trägt dadurch apokalyptische Züge. Der dazugehörige Ausgleich geschieht erst durch die Aufarbeitung der Zukunftsinhalte in einer späteren Zeit, etwa in der Gegenwart. Damit impulsiert Leonardo die Waagetätigkeit im anderen Menschen, immer neue Fragen hervorrufend.

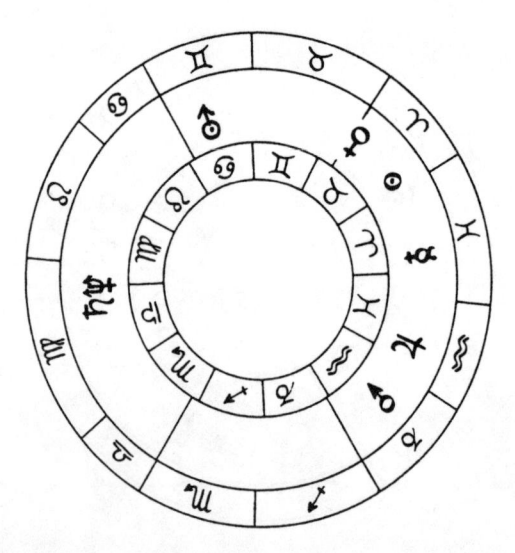

Leonardo da Vinci * *15. April 1452*

Der Komponist Ludwig van Beethoven (1770–1827) zeigt in seinem Werk eine spannungsreiche Dramatik. Er rang lebenslang mit der Überwindung und Erneuerung der musikalischen Sonatenform. Sie wurde vor allem vom Innern her so erneuert, daß ein persönlich-erdenhafter Wille darin seinen Ausdruck fand. Mit Beethoven beginnt sich die Musik personhaft zu „verleiblichen". Dabei nimmt sie eine Dynamik an, die nicht mehr den Weg der Musik vom Himmel zur Erde veranschaulicht, sondern den Weg von unten nach oben: die Überwindung irdischer Gebundenheit und die Befreiung des Menschen von undurchschauter Subjektivität. Beethovens Musik wurde zum leidenschaftlich-dramatischen Ausdruck ethischer Subjektivität und nahm einen gleichen, sich entwickelnden Willenscharakter an. Durch seine entstehende Taubheit wurde diese Seelenhaltung zur Lebensdramatik. In Beethovens Werk ersteht die geistig-musikalische Überwindung der inneren Taubheit. Es erscheint daher urbildlich, daß der dynamische Willensplanet Mars im dominierenden Zenit in Beethovens Horoskop steht. Dieser Planet befindet sich in direkter Polarität zu drei Planeten und der Sonne im unteren Willensbereich, alle konzentriert beieinander. Das Ungewöhnliche an dieser Konstellation ist das ausgleichende Gegenüberstehen der Planeten – außer Saturn und die transsaturnischen Planeten im oberen Teil des Ausgleichbereiches – in den Polarisationsfeldern. Die Konstellation ist so ungewöhnlich wie das Schicksal Beethovens selber.

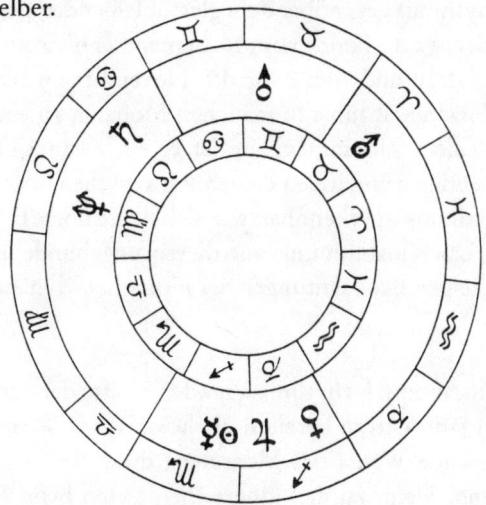

Ludwig van Beethoven * *Bonn, 17. Dezember 1770*

Das erneuerte Horoskop weist auf grundlegende Wesensübereinstimmungen zwischen den kosmischen Raumeskräften und der menschlichen Gestalt mit ihrem Seelen- und Geistesleben. Zu diesen Raumeskräften gehören die sichtbaren Sternbilder. Der unmittelbare Bezug zu ihnen hat einmal vorgelegen, wie die bisherigen Darstellungen gezeigt haben. Der Verlust des Bezuges dauert zwar noch an, ist aber dabei, wiederhergestellt zu werden. Die verlorengegangene, ursprüngliche Einheit des Menschen mit den Sternenwesen wird wiederaufgerichtet. Im Gegansatz zu dem früheren gegebenen Einheitszustand zwischen Menschen und Sternen geschieht dies durch ein freies Hinwenden des Menschen zu den Sternenwesen. – Nun sind die Sternbilder als Ausdruck der Kräfte verschieden groß, wie der äußere Bildkreis des Horoskops zeigt. Dabei entsteht die Frage, wie diese verschiedenen Größen in dem regelmäßig gegliederten Zeitenstrom des Jahreslaufes zur Wirksamkeit kommen.

Weltenfortgang und Jahreslauf

Die verschieden großen Sternbilder führen im Jahreslauf zu einem unregelmäßigen Rhythmus gegenüber dem gleichbleibenden Gang der Sonne. So befindet sich etwa die Sonne vom 16. September bis zum 1. November im Bild der Jungfrau und vom 2. bis 19. November im Bild der Waage. Diese Unregelmäßigkeit führt in manchen Monaten zu einem extremen Arhythmus. In dem Zusammenhang ist er ein Kennzeichen einer ursprünglich-lebendigen und freien Beziehung zwischen Erde und Kosmos. Trotz des Arhythmus ist erkennbar, wie sich heute noch Teile der organischen Welt in Übereinstimmung mit diesen ungebundenen Rhythmen entfalten. Das zeigen Beobachtungen der biologisch-dynamischen Landwirtschaft.

Doch erst die harmonisch rhythmisierenden Kräfte der Sonne im gestalteten irdischen Jahresstrom bereiten die kosmischen Wirkungen so vor, daß das umfassende Wesen des Menschen, diese Kräfte in rechter Art aufnehmen kann. Denn zu den ätherischen treten beim Menschen die astralen und geistigen Kräfte hinzu. Erst der rhythmisch-gestaltete Jahreslauf mit den regelmäßigen Monatsabläufen und dem einverwobenen christlichen Jahreslauf stellt die Bedingungen für das Gedeihen des ganzen Menschen her. Durch die Einrichtung des Sonnenkalenders bei einem bedeutenden Teil der Menschheit steht vor allem der S o n n e n b e z u g im Vordergrund und nicht der Sternen- oder etwa Mondbezug. Zusammen mit den christlichen Festeszeiten wird das Jahreswesen zum eigentlichen „Jahr des Menschen".

Astronomisch gesehen beginnt das Jahr mit der Frühlings-Tagundnachtgleiche (das Äquinoktium), dem Frühlingsanfang am 21. März. Der Jahresgang verläuft durch die Sommerwende (das Solstitium) am 21. Juni, durch die Herbst-Tagundnachtgleiche am 23. September und die Winterwende am 22. Dezember, um dann zur Frühlings-Tagundnachtgleiche zurückzukehren. Für unsere Gegenwart wird dieser Rhythmus außerdem durch die Tatsache bestätigt und verstärkt, daß für die Solstitien die Zeitgrenzen von Bild und Zeichen um höchstens drei Tage differieren und damit weitgehend übereinstimmen. Bei dem Gang durch die Äquinoktien und Solstitien erscheint ein geordneter Rhythmus, der durch die Übergänge um den jeweils 21. eines Monats festliegt. Er wird zum wesenhaft gewordenen Zeichenrhythmus, der die unregelmäßigen Bildwirkungen durch den Sonnen- und Mondrhythmus irdisch-regelmäßig gestaltet. Der zwölffache Jahresrhythmus ist ein fester Bestandteil des Sonnenkalenders und somit ein Ausdruck des Sonnen-Erde-Organismus.

Der Jahresorganismus nimmt die S o n n e n - S t e r n e n - W i r k u n g e n auf. Sie werden durch die Vorgänge dieses Organismus verstärkt, ausgeglichen und geordnet. Die Kräfte, die im Kosmos wahrnehmbar sind, wie Licht und Finsternis, Wärme und Kälte, kehren alle im Jahreslauf wieder, jedoch in rhythmisch gestalteten Prozessen. Im Vergleich zum alleinigen Sonnen-Sternen-Bezug zeichnet sich die Sonnen-Erden-Sphäre mit den Planeten durch intensive und vielfältige Bewegungsvorgänge aus. Dadurch kommt die besondere Rhythmisierung der eigentlichen Sonnen-Sternen-Kräfte zustande. Sie sind zunächst überwiegend ätherischer Natur, daher auch die besondere Aufnahmefähigkeit der Pflanzenwelt für diese Kräfte. Die Ätherkräfte sind zugleich Träger für Astralkräfte des Tierkreises, die unmittelbar mit der Menschenseele verwandt sind. Sie werden durch den Jahreslauforganismus rhythmisch gestaltet. Das Charakteristische des Kosmisch-Astralischen und des Seelischen von Tier und

Mensch sind innere und äußere Bewegungsvorgänge. So wie das Jahr sich durch Licht und Finsternis, durch Wärme und Kälte entfaltet, gestaltet sich in der Durchdringung und Auseinandersetzung mit den Jahresnaturkräften das menschliche Seelenleben durch Erkenntnis und Wille, durch Sympathie und Antipathie und weitere Seelenimpulse. Die seelisch-astralen Kräfte des Jahreslaufes sind eigentlich Sternenkräfte, verwandelt und umgestaltet durch den Sonnenstern zusammen mit dem Erdenwesen.

Ein weiterer Bestandteil der rhythmischen Bildekräfte des Jahreslaufes der Natur ist das Seelisch-Geistige des Menschenwesens zusammen mit dem auf der Erde erschienenen Gotte. Er hat nicht nur einen irdischen Raumesleib durchdrungen, sondern hat sich ebenfalls in den Zeitenlauf des Erdorganismus hineinbegeben. Das zeigen die christlichen Jahresfeste, die ein Ausdruck der Christusbiographie in der Zeit sind. Es konnte gesehen werden, wie das Jesuswesen die Zusammenfassung der Widdertierkreis-Gestalt ist. Jesus wird zum Gefäß, worin sich in der Christuserscheinung die Substanz des neuen Fischetierkreis-Kosmos als die nahe herbeigekommenen Reiche der Himmel offenbart. Damit wurde begonnen, die Kräfte, die bis zu diesem Zeitpunkt den Erdenjahreslauf gestaltet hatten, abzulösen und zu verwandeln. Durch Christus wurde auch ein neuer Jahreslauf inauguriert. Da dieser sich aber erst im Verlaufe der auf die Zeitenwende folgenden Jahrtausende entwickelt, konnte die neue Jahreslaufgestaltung nur sehr langsam erkannt werden.

Das zeigt ein Blick auf die astronomische Situation der Zeitenwende. Zu Frühlingsbeginn stand die Sonne im Bilde der Fische. Sie verweilte aber nur etwa einen Tag in diesem Bilde, um dann durch die Sonnenjahreslaufbewegung wieder in das Bild des Widders zurückgeführt zu werden. Die von Christus ausgehenden Kräfte wurden als die gleichen erlebt, wie die mit Sternenkräften durchdrungene Sonne. Sie waren das fortschreitend Neue. Die Sonne-Fische-Konstellation stand zwar nur kurz am Himmel, war aber nun die beherrschende Sternstellung für das mit dem Frühling neu einsetzende Jahr. Damit erstrahlt ein neuer Welten-Tierkreis-Stern sichtbar-unsichtbar zu Frühlingsbeginn am Himmel. Mit der Erde im Mittelpunkt erscheint die eine Sternspitze im Fische-Frühlingspunkt; die gegenüberliegende Spitze befindet sich in der Jungfrau. Im rechten Winkel hierzu zeigt eine Sternspitze auf den Grenzbereich der Zwillinge und im Gegenüber auf den des Schützen. Dadurch entsteht ein sinnlich-übersinnlicher Kreuzstern. Obwohl er als astronomische Gestalt nur einen bzw. einen halben Tag lang aufleuchtet, überstrahlt er jedoch als zukunftsweisender Geistesstern den ganzen Jahreslauf.

Der Verlauf des Christus-Jesus-Lebens stand fortwährend unter einem doppelten Tierkreis-Sternenaspekt. Der vollzogene Eintritt der Sonne in die Fische war das übergeordnete geistig-sonnenhafte Ereignis. Zu jedem Frühlingsbeginn während der drei Jahre des Christuswirkens befand sich die Sonne etwa einen Tag lang im Fischebild als ein Teil des neuen Welten-Tierkreis-Sternes. Danach war der weitere Frühlingsverlauf noch von der Widdersonne beschienen. Von dem Kräftewalten dieser Sonne wurde Jesus von Nazareth als Ausdruck einer abgeschlossenen Widdertierkreis-Gestaltung mit hervorgebracht. Als menschlich-göttliches Wesen trug er das Ergebnis der Sonnen-Sternen-Gestaltung in sich. Das Göttliche selber in der Erscheinung des Christus brachte den neuen Fischekosmos – die Reiche der Himmel – mit sich. In der ständigen Durchdringung und verwandlung der vergangenen Widdertierkreisgestalt in den kommenden Fischetierkreis-Kosmos ereignete sich das Christusleben.

Auch Tod und Auferstehung fanden unter der Frühlings-Widdersonne statt. Was sonnenhaft-geistig bereits geschehen war – der Übergang in den Bereich der Sonnen-Fischekräfte – sollte bis zu astronomisch-kalendarischen Erfüllung noch einige Jahrhunderte dauern. – Das Osterfest fällt auf den ersten Sonntag nach Frühlingsvollmond. Dadurch findet Ostern immer einige Zeit nach Frühlingsbeginn statt. Im Blick auf das erste Osterfest und auf die Erde als ein Ganzes, ereignet sich Ostern nicht alleine in Übereinstimmung mit den Stellungen von Sonne, Mond und Erde, sondern auch in Übereinstimmung mit dem Frühlingspunkt, wobei die Sonne im Fixsternbereich der Fische steht. Mit der besonderen Konstellation von Erde – Sonne – Fische im Jahreslauf ist der kosmisch bestimmte und räumlich-zeitliche Ort gegeben, aus dem das Christuswirken hervorging. Der Übergang der Sonne in die Fische hinein war der wesentliche Schritt im Reich der Himmel, das „nahe herbeigekommen war". Im christlichen Osterkontext bedeutet daher „Frühlingsbeginn" nicht alleine den Beginn einer Jahreszeit, sondern eine irdisch-kosmische Konstellation, die für die Südhalbkugel der Erde „Herbstbeginn" bedeutet. Würde auf der südlichen Hemisphäre jahreszeitlich Ostern zu Frühlingsbeginn selber gefeiert werden, stünde die Sonne nicht in den Fischen, sondern in der Jungfrau. Damit wäre die ursprüngliche und bisher geltende österlich-kosmische Konstellation nicht mehr gegeben.

Die geistesgeschichtliche Entwicklung und kalendarische Einordnung sowie die Einordnung des Osterfestes in kosmisch-irdische Rhythmen hat W. Hoerner in dem im Vorwort erwähnten Werk beschrieben. Aus Anlaß der vorliegenden Darstellung hat er die Grundlagen zusammengestellt für die folgende Beschreibung der zeitlichen Osterfestdynamik als Ausdruck der wechselnden Sonnenstellung im Widder und in den Fischen im Verlaufe der fortschreitenden Sonnendurchdringung des Fischebildes seit der Zeitenwende. Das erste Osterfest mit der Sonne im Sternbild der Fische ereignete sich um das geistesgeschichtlich bedeutende Wendejahr 330. Somit feierte das Urchristentum Ostern immer unter der Frühlingssonne des Widders. Da Ostern als bewegliches Fest an 35 verschiedenen Tagen stattfinden kann, entsteht im Feiern dieses Festes eine ungewöhnliche Dynamik, die sich kalendarisch zwischen dem 22. März und dem 25. April bewegt. In dieser Jahreszeit entfaltet sich nach der Zeit um 330 in lebendiger Rhythmik die Gegenüberstellung, gegenseitige Durchdringung und Verwandlung der auf der Erde in den Auferstehungsgeschehnissen wirksamen kosmischen Kräfte von Widder und Fische. Dadurch ereignet sich das Osterfest in der Geschichte unregelmäßig abwechselnd sowohl unter der Widder- als auch der Fische-Frühlingssonne. Wird der Eintritt der Sonne in die Fische um das Jahr 72 v. Chr. zugrunde gelegt und weiter in Zeiträumen von 72 Jahren (entsprechend ein Grad Präzessions-Sonnenbewegung) fortgeschritten, ergibt sich für den 5. Zeitraum zwischen den Jahren 288 und 360 ein sechsmaliges Feiern des Osterfestes mit der Sonne im Sternbild der Fische (Julianischer Kalender). Das entspricht weniger als einem Zehntel der 72 vorkommenden Osterfeste. – Um das Jahr 900 herum wird dann ein Drittel der Osterfeste in den Fischen gefeiert, nämlich 24 von 72. Es ist die Gralszeit Europas. Erst um das Jahr 1225 entsteht zum Osterfest ein astronomisches Gleichgewicht zwischen den Widder und Fischekräften. Von 72 Osterfesten finden 36 unter der Fischesonne statt. Es ist die schon geschilderte Zeit Thomas von Aquins und zugleich die Blütezeit scholastischen Denkens. Erst im Zeitraum 1944 bis 2016, also im wesentlichen in unserem Jahrhundert, liegen alle vier Häufigkeits-Schwerpunkte der Osterfeste unter der Fischesonne. In diesem Zeitraum wird Ostern von den 72 möglichen Gelegenheiten

59mal in den Fischen gefeiert. Das sind über acht Zehntel. Damit ist im 20. Jahrhundert ein eindeutiges Schwergewicht im Hinblick auf das Osterfest unter der Fischesonne eingetreten. Etwa um das Jahr 2467 werden sich dann alle Osterfeste unter dem Sonnen-Fische-Aspekt ereignen. Es wird sich dadurch der astronomische Fischezeitraum erfüllen. Die Durchdringung des Ostereignisses mit den kosmischen Auferstehungs-Fischekräften des Christus ist ein Weltenprozeß über einen Zeitraum von etwa 2 500 Jahren.

Mit dem irdischen Jahreslauf als Ausdruck der Widdertierkreis-Gestaltung ergaben sich urbildhafte Konstellationen zwischen mehreren Jahreszeiten und den hineinwirkenden Sternenkräften. Das beginnt schon mit Frühlingsanfang. Die ursprünglichen Frühlingsimpulse mit ihrer vorwärts- und aufwärtstreibenden Dynamik können als Widderkräfte erlebt und erkannt werden. Sie ergreifen und gestalten den Stoff mit einem auf das Materielle gerichteten Willen und scheinen als einziges Tierkreiswesen die Kräfte des bisherigen Frühlingserlebens zu veranschaulichen. – Dem Frühlingsbeginn steht die Herbst-Tagundnachtgleiche gegenüber; während dieser befand sich die Sonne im Bilde der Waage. Damit fiel das Gleichgewicht der Herbst-Tagundnachtgleiche urbildlich mit den harmonischen Ausgleichskräften der Waage zusammen. Entsprechend ereignet sich auch die Sommersonnenwende im Bilde des Krebses, der Wesenskraft der Wende. Es ist deutlich, daß das Zusammengehen der Widdertierkreis-Gestaltung mit dem Erdenjahreslauf des Sonnenkalenders eine besondere urbildliche Konstellation darstellt. Nimmt man zu dieser den geschilderten, abgeschlossenen, platonischen Weltenjahrdurchgang der Sonnen-Sternen-Kräfte durch den ganzen Menschen um die Zeitenwende hinzu, wird verständlich, daß viele von Sternenweisheit durchdrungene Menschen sich nur schwer von dem besonderen Zusammentreffen der kosmisch-irdischen Übereinstimmungen trennen konnten. Als Vergangenheitsurkraft übt diese Konstellation noch eine große Macht aus. Das zeigt die Astrologie durch die Jahrtausende.

Mit dem Eintritt der Sonne in die Fische zu Frühlingsanfang war der Beginn eines neuen Sternenwirkens und auch der eines neuen Weltenjahres gegeben. Die Wirkungen des neuen Sternbildes, zusammen mit dem Einzug des Christus in den Sonnen-Erden-Bereich des Jahresorganismus, bringen eine neue Gestaltung des Jahreslaufes hervor: den Gang des christlichen Fische-Sonnenjahres. Zu Frühlingsbeginn erlebt der christlich orientierte Mensch nicht nur das Wirken der Sonnen-Erden-Kräfte des Frühlings, sondern auch die Passions- oder Leidenszeiten des Christus als Vorbereitung auf das Osterereignis.

Bisher konnte dieses Leiden eigentlich nur im Bereich des Seelisch-Menschlichen erlebt werden; sowohl dem Christus gegenüber als auch gegenüber der einzelnen Menschenseele oder Gruppen von Menschen. In Verbindung mit dem Erdenwesen war bisher ein solches Erleben nicht möglich. Daher ist auch der Satz zunächst schwer zu verstehen: Der Christus zog in den rhythmischen Organismus des Jahreslaufes ein. Doch in der Gegenwart wird immer deutlicher, daß die Erde zusammen mit dem Menschen einen Leidensprozeß durchmacht. Das Aussterben vieler Tierarten, das Baumsterben und die Verstrahlung der Erde sind alle Ausdruck eines Leidensprozesses des Erdenwesens. Zur Zeitenwende erlitt der Christus Leiden und Tod durch die Menschen, heute erleidet das Erdenwesen dasselbe Schicksal.

Neben dem Tragischen und der über das Notwendige hinausgehenden Zerstörung muß dieser Vorgang auch als ein objektiv gegebener gesehen werden. Als Christus in die irdische Welt einzog, war dies auch zugleich der Untergang einer bestimmten Lebensstruktur in der Welt. Nur wurde dieser Untergang vielfach nicht bemerkt. Der Dichter Novalis hat in diesem Zusammenhang auf ein Wesentliches hingewiesen: „Wenn ein Mensch geboren wird, stirbt ein Geist." In einem noch viel umfassenderen Sinne als bei einem Menschen begann der schöpferische Weltengeist Christus bei dem Weihnachtsereignis der Geburt zu sterben; später ging er weiter in den Tod bei der Jordantaufe. Der abschließende Tod am Kreuz bedeutet zugleich für das Wesen des Jesus von Nazareth den Abschied von der abgeschlossenen und vollkommenen Welt der Lebensstruktur des Widdersonne-Tierkreises. Die Sterbevorgänge waren die notwendigen Vorbereitungen für die Auferstehung und für das Eingehen des Christus in den Organismus des irdischen Jahreslaufes. Werden in ihm – wie in der Gegenwart nun möglich – Leidens- und Sterbeprozesse gesehen, erhalten sie einen Sinn, wenn das damit verbundene Opfer erlebt wird. Was im Christusleiden als Gottesopfer erkannt wurde, kann heute dem Erdenwesen gegenüber erkannt werden. Damit werden die Voraussetzungen für eine Erden-Auferstehung geschaffen. Werden diese Vorgänge im Naturgeschehen des Frühlings erlebt, enthüllen sich die Christus-Fischekräfte als eine neue Erfahrung des Frühlingsbeginnes. Damit verbleibt das christliche Passionserleben nicht im Innern eines Kirchenraumes oder der Menschenseele, sondern wird erfahrbare Wirklichkeit im Naturgeschehen des Erdenwesens. Der Mensch stellt sich mit diesem Erleben gleichzeitig in den Beginn eines neuen Jahreslaufes und den eines neuen Weltenjahres. Der erste Monat des neuen Naturjahreslaufes, der am 21. März beginnt, ist damit der Fischemonat. Er ist im kleinen der Beginn des neuen Fische-Christus-Kosmos, der sich durch fast 26 000 Jahre entwickeln wird. Dadurch kann der Mensch zum erkennenden Erlebnis kommen, daß die Zeitenwende durch die Christusereignisse zu einer Weltenwende wurde.

Zwölf kosmische Stimmungen von Rudolf Steiner

Ein umfassend-anschaubares Beispiel für den Übergang eines alten in einen neuen Kosmos sind die „Zwölf Stimmungen" von Rudolf Steiner. Sie wurden im Jahre 1915 verfaßt und entstanden in Verbindung mit der damals neuentstehenden Kunst der Eurythmie. Die Stimmungen geben jeweils in der Gestalt eines Mantrams das Wesen einer Sternenkraft des Tierkreises wieder. Die einzelnen Mantren bestehen aus jeweils sieben Zeilen, die einen Gang durch sieben dem einzelnen Tierkreiswesen entsprechende planetarische Stimmungen beschreiben. Ihre Reihenfolge beginnt mit der Sonnenzeile, wonach die beiden sonnennahen Planeten Venus und Merkur folgen. In der Mitte als vierte steht die Marszeile. Die obersonnigen Planeten Jupiter und Saturn folgen danach, und den Abschluß des Mantrams bildet die Mondenzeile. Die Sonnenzeile als erste gibt das Stimmungsgrundmotiv an. Das Ergebnis des planetarischen Durchganges faßt die abschließende Mondenzeile zusammen. Beginn und Ende der „Zwölf Stimmungen" sowie ihre Reihenfolge schließen sich der überlieferten astrologisch-kulturellen Tradition an. Die Mantren beginnen mit dem Widder, verlaufen weiter in der Reihenfolge über Stier, Zwillinge und Krebs, um mit den Fischen zu enden. Der Planet Erde fehlt in den „Zwölf Stimmungen". Sie beschreiben daher vor allem kosmische

Erfahrungen, die in einem übersinnlichen Geistraum ausgebreitet sind. Außer dem durch die traditionelle Reihenfolge gegebenen Bezug besteht vordergründig keine Verbindung zum irdischen Zeitverlauf. – Die Stimmungen enthalten vielfache Aufforderungen zu Taten. Dabei entsteht die Frage, wer in diesen Aufrufen zu wem spricht. Diese und anschließende Fragen werden im folgenden veranschaulicht, beginnend mit den Stimmungen, die der Zeichenüberlieferung nach zu den Äquinoktien und Solstitien zugeordnet sind. Den Anfang bildet der astrologisch-kulturellen Tradition nach die Frühlings-Tagundnachtgleiche als Widderstimmung:

> ERSTEHE, O LICHTESSCHEIN,
> ERFASSE DAS WERDEWESEN,
> ERGREIFE DAS KRÄFTEWEBEN,
> ERSTRAHLE DICH SEIN-ERWECKEND.
> AM WIDERSTAND GEWINNE,
> IM ZEITENSTROM ZERRINNE.
> O LICHTESSCHEIN, VERBLEIBE!

Das willenshafte Widderwesen wird im Mantram aufgerufen, als Lichterscheinung zu erstehen. Dieses Willenswesen wirkt nicht nur in der kosmischen, sondern auch in der menschlichen Natur. Sie ist daher sowohl Ausdruck der Widderkraft als auch Ausdruck des Menschen. Beide sollen sich durch den Anruf als Einheit einem weiteren Wesen zuwenden: dem Werdewesen. Der Lichtesschein wird dabei als Gestalt tätig, ergreift Kräfte und erweckt das Sein. Schließlich soll die Lichtgestalt verbleiben. – In dem Aufrufen spricht eine noch unbekannte geistige Macht zum Licht des cherubimischen Wesens und dessen Erscheinung im Menschen. Dabei lenkt diese Macht den Willen auf eine weitere Wesenheit, die das Werden selber ist. Werden ist Entwicklung. Sie wird letztlich vom schaffenden Logos bewirkt. Als Werdewesen ist er eine Erscheinung des Christus. In der Befolgung des Aufrufes wendet sich der übersinnlich-kosmische Lichtesschein des Widdercherubs und des irdischen Menschen als eine handelnde Gestalt dem schaffenden Logos zu. Die auffordernde Macht verbleibt zunächst unerkannt im Hintergrund.

Im Menschen richten sich die Widderkräfte auf das Haupt. Sie bringen in ihm die Gedanken hervor, die als Schein des Lichtes erfahrbar werden. Nur als Schein tritt die Gedankentätigkeit auf und nicht als Licht selber, da sie zunächst nur wiedergegebene Reflexionen der Wahrnehmungswelt aufnimmt. Die reflektierten Gedanken befinden sich damit immer in der irdisch-horizontalen Ebene und nicht in einem vertikalen kosmisch-sternenhaften Bezug. So können sie sich nicht wirklich über die Dinge erheben. Sie können zwar in immer neuen Kombinationen gedacht werden, das Denken selber bleibt aber den irdischen Sinneswahrnehmungen verhaftet. Erst die von diesen unabhängig eingegebenen oder gebildeten Ideen, die zugleich in voller Übereinstimmung mit der Wirklichkeit entstehen, führen das Denken nach oben in den vertikal-kosmischen Bereich. Dann erhebt sich der Lichtesschein der Gedankentätigkeit und ersteht in neuer Gestalt. Dieses Ereignis ist eine beginnende Auferstehung des Denkens. Hierbei arbeitet der Mensch zusammen mit den cherubimischen Widderkräften zur Auferstehung hin. Die Entstehung des Lichtesscheines erscheint somit als Ostereignis.

In der außermenschlichen Natur ergreifen die Widderkräfte die Stofflichkeit, bilden sie um und führen sie zu Gestaltungen. Das wird etwa durch die vielfältigen Formen der Widderhörner veranschaulicht. Hinter allen irdischen Formen sind Ideen zusammen mit Gestaltungskräften tätig, die die mannigfaltig entstandenen Formen immer wieder neu hervorbringen. Auch die wirkenden Ideen können als Lichtesschein erfahren werden. Sie bleiben über längere Zeiträume bestehen, damit die natürlichen Gestaltungen immer wieder in ihrer angenommenen Form hervorgebracht werden können. Im Verlauf eines weiteren Werdens der Welt sollen auch die wirkenden Ideen anders erstehen und sich neu dem Werdewesen zuwenden. Das zieht dann als schaffender Logos in die Ideenkräftestrukturen der außermenschlichen Natur ein und bringt eine andere Natur hervor. Dabei geht die neuentstehende Erde, die Geist-Erde hervor. Nur so kann eine Weiterentwicklung der Welt in Übereinstimmung mit der weiterwirkenden Schöpfung Gottes stattfinden. Der immerwährende Neubeginn der Entwicklung geschieht ebenfalls als Ostereignis.

Im Blick auf den natürlichen Jahreslauf entsteht die Frage, wann diese Lichtes-Aufrichtungsvorgänge und die Hinwendung zum Werdewesen zunächst geschehen. Frühlingsbeginn ereignet sich, wenn die tägliche Sonnenbahn über dem Horizont nicht mehr unterhalb der Vollmondbahn verläuft, sondern im Aufsteigen die gleichzeitig sinkende Mondenbahn kreuzt. Die Sonne zieht danach ihren Tagesbogen oberhalb des Vollmondbogens. Bildhaft bringt dieser Vorgang zum Ausdruck, wie Licht und Wärme als erhebende Leichtekräfte die Mondenkräfte der Dunkelheit und Kälte als Schwerekräfte überwinden. Somit werden die sonnenhaft aufwärtsstrebenden Kräfte zu Frühlingsbeginn im Menschen und in der Natur wirksam. Dieser Naturvorgang kann gesehen werden in dem Aufruf: „Erstehe, o Lichtesschein." Diese Aufforderung ist eine Bekräftigung des schon vorhandenen natürlichen Geschehens. Während des astrologischen Zeitalters in den Jahrtausenden vor der Zeitenwende wurde dieser Vorgang unmittelbar wirksam durch die direkten Wirkungen der Widderkräfte im physischen Sonnenlichte. Hierdurch bildete sich die Denkfähigkeit des Menschen und die Widderstruktur des Frühlingsbeginnes. Sie wurden zum Gefäß – als irdische Widdertierkreisgestalt – für die zur Zeitenwende folgenden historischen Osterereignisse. Diese gehen dann aus dem unsichtbar-übersinnlichen Lichte hervor. In jedem Jahreslauf schreiten diese Ereignisse zu Ostern weiter fort.

Die Sonnenzeile „Erstehe, o Lichtesschein" führt die Menschenseele zunächst in einen inneren Vorgang hinein. Dieser kann mit dem Erfahren des kosmisch-natürlichen Frühlingsbeginnes beginnen und zur irdischen Lichterstehung zu Ostern führen. Damit beginnt im irdischen Zeitverlauf das Widdermantram erst mit Ostern. Da der Anfang dieses Festes von den wechselnden Stellungen von Sonne und Mond zusammen mit dem irdischen Wochentagsrhythmus vorgegeben ist, liegt Osterbeginn innerhalb eines Zeitraumes von etwa einem Monat, beginnend gleich nach Frühlingsanfang. Ein wichtiger Häufigkeitsschwerpunkt des Osterfestbeginnes liegt auf dem 16. April. Danach erstreckt sich die Osterzeit bis zum 26. Mai, dem Himmelsfahrtstag. Die im Jahreslauf fortgeschrittene Widderkraft erfüllt nun diese Osterzeit im Sinne der ausgeglichenen Zeichenrhythmik vom 21. April bis 22. Mai. Zugleich stimmt dieser Zeitraum annähernd überein mit dem gegenwärtigen astronomischen Gang der Sonne durch das Bild des Widders vom 18. April bis 14. Mai. Durch den wechselnden Osterrhythmus gestaltet sich die Osterzeit immer etwas anders als der festgelegte Zeichenrhythmus oder den astronomischen Sonnengang durch das Widderbild. Dadurch behält Ostern seinen freien kosmischen Charakter. – Die Osterzeit als sonnenhafter Frühlingsraum enthüllt, wie im christlichen Jahreslauf nicht der Frühlingsbeginn als entscheidender Sonnendurchbruch erlebt wird, sondern das erst später einsetzende Osterereignis. Diese Zeitverzögerung ist unter anderem auch dadurch bedingt, daß erst der dunkle Erden- und Menschenbereich von den Christuskräften durchdrungen werden muß, bevor auch die Sonnen-Widder-Kräfte selber wirksam werden können.

Die in den planetarischen Umkreis einziehende Auferstehung zu Himmelfahrt ist die direkte Fortsetzung der Osterereignisse. Gerade das Himmelfahrtsfest zeigt das Christuswesen in einer dynamischen Entwicklung als Werdekraft. Vom Ostersonntag bis zum letzten Himmelfahrtstag vergehen 49 Tage. Ausgehend vom Ur-Osterfest am 5. April als dem geistigen Osterschwerpunkt, würde sich die Oster-Himmelfahrts-Zeit bis etwa zum 24. Mai erstrecken. Übereinstimmend hiermit beinhaltet auch bei dem früheren Osterbeginn das Widdermantram der „Zwölf Stimmungen" vom 21. April bis zum 22. Mai den entsprechend richtigen astronomischen Zeitraum.

Vor dem Ostereignis liegt die Vorosterzeit. In der christlichen Kulturwelt wird sie die Passionszeit genannt. Sie beginnt in der christlichen Kirche vier Wochen vor dem Osterfest. Frühlingsbeginn ereignet sich also immer in der Voroster- oder Passionszeit. Durch das Vorrücken der Widdermantrams der „Zwölf Stimmungen" in die Oster- und Himmelfahrts-Zeit wird der Platz frei für die Stimmung, die im Sinne einer vorwärtsschreitenden christlichen Evolution die kosmischen Vorgänge um den Frühlingsbeginn gegenwartsnahe wiedergibt. Es ist das Fischemantram. Zunächst aber, im Hinschauen auf den Widdertierkreis, bilden die Fische noch den Abschluß der Widdergestaltung; hierbei wird auf den vergangenen und abgeschlossenen Durchgang zurückgeblickt. Vollzieht sich der Vorgang im Lichte der Christusereignisse, kann der Verlust des Vergangenen als ein Bewußtseinsgewinn erlebt werden. Doch durch das Vorwärtsschreiten der Sonne treten die Fischekräfte aus der alten Widdertierkreis-Gestaltung heraus und bewegen sich im Jahreslauf vorwärts. Sie sind damit zum Frühlingsjahresbeginn in Übereinstimmung mit dem christlichen Neubeginn des Fischeimpulses zur Zeitenwende. Darüber hinaus befindet sich dann der Jahreslauf im harmonischen Zusammenhang mit den astronomischen Sternenkonstellationen der Gegenwart. Der Blick auf das Fischemantram zeigt einen gegenwartsnahen Inhalt des vorösterlichen Passionserlebens:

IM VERLORENEN FINDE SICH VERLUST,
IM GEWINN VERLIERE SICH GEWINN,
IM BEGRIFFENEN SUCHE SICH DAS GREIFEN
UND ERHALTE SICH IM ERHALTEN.
DURCH WERDEN ZUM SEIN ERHOBEN,
DURCH SEIN ZU DEM WERDEN VERWOBEN,
DER VERLUST SEI GEWINN FÜR SICH!

Die grundlegende Erfahrung, die zur Wirklichkeit des Christentums führt, ist die Einsicht und das Bewußtsein, daß der Mensch etwas verloren hat. Auf seinem Evolutionsweg ist er durch einen Fall – den Sündenfall – hindurchgegangen. Er ist zugleich evolutionsgemäß herabgestiegen aus höheren Welten und hat dabei sein wahres Wesen zurückgelassen. In der Erkenntnis und dem Erleben seines Verlustes findet der Mensch in anderer Gestalt, was ihm verlorengegangen ist. Zur Zeitenwende tritt es in historischer Größe in Erscheinung. Eine alte Welt war untergegangen, sie war für den Menschen verloren. Eine neue Welt war nicht in Sicht. Doch wurde dem Menschen die Möglichkeit gegeben, das Verlorene in neuer Gestalt zu finden: In der Christuserscheinung konnte alles verinnerlicht gefunden werden, was im Äußeren untergegangen war. Vor allem fand der Mensch sein eigenes, verlorengegangenes höheres Wesen in der Christusanwesenheit.

Mit den Ereignissen von Verlust und Neugewinn wurde ein Vorgang inauguriert, der sich durch die Jahrhunderte und Jahrtausende erst menschheitlich entfalten sollte. In der einzelnen Menschenbiographie wird dieser Vorgang immer wieder bei entscheidenden Lebensereignissen durchgemacht. Schon bei der Geburt verliert der Mensch einen Teil seines himmlischen Ursprungs; dafür findet er sich als irdischer Mensch vor. Bei dem Eintritt der Erdenreife im 14. Lebensjahr verliert der Mensch die Kindheit; er findet sie in neuer Gestalt in der Jugendhaftigkeit. Der Vorgang setzt sich durch das Leben fort. Wenn in der Gegenwart große Teile der Menschheit die Gefahr wahrnehmen, das Erdenwesen zu verlieren, so hat sich dieser Vorgang ins Menschheitlich-Planetarische gesteigert. Verlust, Gewahrwerden des Verlustes, Neufindung auf einer anderen Ebene und Gewinn sind der Anfang des gegenwärtigen Fischeprozesses.

Die Fortsetzung wird in der zweiten Zeile des Fischemantrams beschrieben: „Im Gewinn verliere sich Gewinn." In der Gegenwart ist es besonders deutlich, wieviel der Mensch gewonnen hat: etwa die äußere Macht über die Erde und damit unüberschaubar großen technischen Fortschritt. Doch wie sollen die Menschen mit dieser Macht umgehen? Denn es ist deutlich, daß sie zum großen Teil die menschliche Umwelt zerstört. Daher bahnt sich vielfach die Einsicht: Nicht alles, was machbar ist, sollte durchgeführt werden. Im rechten Augenblick muß der Mensch auf die ihm gegebene oder von ihm erworbene Macht Verzicht leisten. Er gibt das wieder her, was gewonnen wurde, und verliert es damit zunächst. Der Vorgang ist die heilsame Gegenbewegung zu den nach außen wirkenden machtvoll-evolutiven Kräften der Fische, die eine starke Tendenz zur Veräußerlichung zeigen. Der Verlust des Gewinnes erscheint nach dem Verzicht der äußeren Verwirklichung als verinnerlichte Kraft, die der Mensch auf einer höheren Ebene zur Anwendung bringen kann. Dieser Fischeprozeß verläuft noch zu einem wesentlichen Teil im Verborgenen. Hier dringt er verwandelnd in die Tiefen, um dann später gestaltend wieder aufzutauchen. In der Entsprechung zum Menschen gestalten die Fischekräfte auch die natürliche Umgebung des Menschen. Es wird immer deutlicher werden, wie in der Erdennatur der Frühlingsbeginn nicht mehr durch ursprünglich-willenshafte Widderkräfte machtvoll hervorbricht, sondern daß sich dieser Beginn aus den Fischekräften gemäß dem Christusprozeß herausgestaltet. Verbunden mit dem allgemeinen Lebensverlust wird ein Opfervorgang als Voraussetzung für die Auferstehungskräfte der Frühlings-Lebensentfaltungen erkennbar werden.

Geistigen Traditionen gemäß beginnt der Erzengel Raphael zu Frühlingsanfang mit seinen heilenden Kräften wirksam zu werden. Für die Gegenwart ist es deutlich, daß dies aus dem Kräftebereich der Fische geschieht. Die alten Kopfkräfte, die zugleich die überlieferten Widderkräfte darstellen, sind in der Menschheit an ein Ende gekommen. Sie entfalten zwar in ungeheurer Intelligenzsteigerung einen glänzenden Schein in der Gegenwart, sind aber völlig unschöpferisch und eigentlich krankmachend. Mit den Fischekräften wird ein Neubeginn gemacht, der im äußeren Willensbereich des Menschen seinen Anfang nimmt. Die zu den Fischen gehörigen Glieder des Menschen sind Füße und Hände. Sie veranschaulichen den Handlungsbereich, der sich in unmittelbarer und ständiger Berührung mit der Erdenwelt befindet. Der raphaelische Heilungsprozeß wird anschaubar, wenn erkannt wird, wie in Willensvorgängen, die sich im ständigen Kräfteaustausch mit der Umgebung ereignen, Verlust und Gewinn im richtigen Abbau und Aufbau des ganzen Menschen ihren Ausdruck finden und dabei harmonisierende Atmungsprozesse entstehen. Sie sind die Grundlage aller Heilung und der menschlichen Gesundheit. Sie vollziehen sich in allen Lebensprozessen des Menschen: etwa in der Sinneswahrnehmung, der Atmung und der Ernährung. Immer muß durch einen Abbauverlust hindurch der Verlust erkannt und durch Aufbau ein überschüssiger Gewinn erreicht werden. Durch das Wirken des Erzengels Raphael wird in Übereinstimmung mit diesen Vorgängen die Heilung erzeugt.

Im jahreszeitlichen Gegenüber des Frühlingsbeginnes steht die Tagundnachtgleiche des Herbstes. Hier beginnt im Jahresgang der Sternzeichen der Waagemonat. Es ist geschildert worden, wie insbesondere der Waagekräftebereich ein Ausdruck der erhabenen cherubimischen Wesen ist, die den umfassenden Weltenzusammenklang bewirken. Durch die Sternen-Waage-Pforte strömen Kräfte, die das Gleichgewicht im Kosmos mit den geschilderten Sternbilderpolaritäten des Tierkreises regeln. Das polare Gegenüber der einzelnen Sternenkräfte stellt nicht nur einen Gegensatz dar, sondern auch ein gegenseitiges Ergänzen und Erhalten. Die Kräfte bilden an ihren jeweiligen Wirkensfeldern Grenzen und Widerlager, aus denen Lebensgestaltungen hervorgehen. Fiele ein Kräftebereich weg, würde der andere seine Struktur verlieren und sich auflösen. Darüber hinaus nimmt die eine Sternkraft von der anderen ständig etwas auf. So erhalten sie sich gegenseitig, um sich dann auch gegenseitig zu tragen. Die übergreifenden hierarchisch-kosmischen Vorgänge beschreibt das Waagemantram der „Zwölf Stimmungen":

> DIE WELTEN ERHALTEN WELTEN,
> IN WESEN ERLEBT SICH WESEN,
> IM SEIN UMSCHLIESST SICH SEIN.
> UND WESEN ERWIRKET WESEN
> ZU WERDENDEM TATERGIESSEN,
> IN RUHENDEM WELTGENIESSEN.
> O WELTEN, TRAGET WELTEN!

Die Gleichgewichtsvorgänge wurden in den Jahrtausenden vor der Zeitenwende anschaubar, besonders zur Herbst-Tagundnachtgleiche mit dem anschließenden Waagemonat. Denn hier fielen die wesentlichen Merkmale des Ausgleiches von Licht und Finsternis, von Wärme und Kälte mit den durch alles hindurchgehenden kosmischen Waageprozessen der Harmonie zusammen. In Übereinstimmung hiermit erwachte während dieser Jahrtausende das menschliche Erdendenken. Es ist entscheidend davon abhängig, daß die verschiedenen physisch-seelischen und geistigen Kräfte im Menschen harmonisch zusammenwirken. Insbesondere kam ein solcher Zusammenklang in der griechischen und israelischen Welt während der durch den Harmonisierungsprozeß kulminierenden letzten Jahrhunderte vor der Zeitenwende zur Erscheinung. Sie waren dadurch geprägt, daß das Engelwesen Michael als Zeitgeist wirksam wurde. Er konnte durch seine besondere Nähe zum Menschen die kosmisch wirkenden Weltenkräfte der Waagecherubim in die menschliche Erdengestalt so einfügen, daß die Denkfähigkeit in der griechischen Philosophie und in der Vorausschau im Prophetentum Israels einzigartig aufblühte. Die Harmonien der Waagekräfte schufen ein durchgehendes Gleichgewicht im Griechentum zwischen dem Wahrnehmen der Umwelt und dem Denken im Menscheninnern. Dadurch wurde der Mensch das „Maß aller Dinge", und zugleich war das harmonische Maßhalten eine der höchsten Tugenden dieser Kultur. Dabei erschien die Gestalt Michaels als die impulsierende Vermittlerin zwischen den Sternen-Waage-Kräften und dem harmonischen Jahreszeitengeschehen. Die spätere Apotheose Alexanders des Großen als eine von Michael Durchdrungene Individualität und das geistige Gewicht des israelischen Laubhüttenfestes im Herbst waren Hinweise auf die Michaelerscheinungen. Das europäische Abendland übernahm daher das Bild Michaels mit der Waage als eine fortwirkende geistige Tradition. Durch die Menschwerdung Christi zur Zeitenwende wurde das Engelwesen Michael in noch höherem Maße auf das Menschen- und Erdenschicksal gerichtet. Das steigerte sich in den vergangenen fast 2 000 Jahren des Christentums immer mehr, blieb aber zugleich im geistigen Hintergrund verborgen. Zu einer beginnenden Höhepunktsentfaltung impulsiert Michael in der Gegenwart wiederum als fortschreitender Zeitgeist die Menschheit in Richtung auf ein neues Christusverständnis und eine verwandelte Christusaufnahme.

Der Blick auf das Waagemantram zeigt, wie in diesem die michaelischen Impulse auch enthalten sind, daß aber vor allem das im Weltenall cherubimisch-sternenhafte Waagewirken beschrieben wird. So weist schon die erste Zeile „Die Welten erhalten Welten" auf galaktisch-kosmische Dimensionen hin. Wird weiter vergegenwärtigt, wie im Sein sich das Sein umschließt, werden wir in die Tiefen des Weltengrundes hineingeführt, wo sich solche transzendentalen Vorgänge ereignen. Es sind die substantiellen und weiträumigen Ausgleichsvorgänge der Cherubim. Die Aufforderung der letzten Mondenzeile erreicht einen Höhepunkt in der Kosmos-umfassenden Tätigkeit: „O Welten traget Welten." Soweit der Mensch an diesen Vorgängen einen bewußten Anteil hat, erfährt er insbesondere das kosmische Wirken Michaels. Auch als eine Welt im kleinen wird der Mensch in der Zukunft geistig Welten tragen, doch liegt die Verwirklichung dieser Tätigkeit noch in weiter Ferne.

Das Waagemantram wird in der Gegenwart erst voll überschaubar, wenn nicht nur die aus der Schöpfung hervorgehenden kosmisch erhabenen Vorgänge gesehen werden, sondern auch der Bereich ins Auge gefaßt wird, in dem das sinnlich-übersinnliche Menschenschicksal ausgleichend neugestaltet wird: das nachtodliche Leben. Es stellt die eigentliche Fortsetzung der überlieferten Michaelsbilder dar, wo die Menschenseele an der Todespforte zunächst vom Erzengel gewogen werden. Danach erst erfolgt in der seelisch-geistigen Welt die verwandelnde Menschengestaltung: Auflösungs- und Verdichtungsvorgänge, Kälte- und Wärmedurchgänge, Erdrückung und Erhebung, – alles Läuterungsstufen für die Menschenseele, die letztlich tief- und weitgehende Ausgleichsvorgänge darstellen. Sie werden vor allem durch das Wirken der Cherubim durchgeführt. Ihr Bestreben ist es, das durch das Erdenleben einseitig und unausgeglichen oder verzerrt gewordene Menschenwesen wieder göttlich-harmonisch aufzubauen. – An den nachtodlichen Vorgängen hat der gegenwärtige Erdenmensch einen viel größeren Anteil als noch in der jüngsten Vergangenheit. Das zeigen die vielen entstandenen Schilderungen über das Leben nach dem Tod in den letzten Jahrzehnten.

Im Jahreslauf ist sowohl der Tradition nach als auch im unmittelbaren Erleben etwa die Zeit der letzten Woche des Oktobers und die ersten drei Wochen des Novembers der Zeitraum, in dem der Mensch mit den nachtodlichen Schicksalen tiefer verbunden ist. Sein Anteil ist ein Hineinschauen, Teilnehmen und Erkennen, aber auch ein inneres Handeln gegenüber den Vorgängen dieses Teiles der übersinnlichen Welt. Dadurch wirkt der Mensch – zunächst unbewußt – mit den Cherubim zusammen. – Bisher stand der entsprechende Monatsraum November unter dem weitgehend verschlossenen Skorpionzeichen. Das Vorrücken der Waagekräfte in diesen Zeitraum (22. Oktober bis 23. November) entspricht anschaubar der neuen Stellung des Menschen zu den nachtodlichen Ausgleichsvorgängen der Waagekräfte. Ihre Gesetze sind als Karmaerleben jetzt greifbare seelisch-geistige Wirklichkeit im Menschenbereich geworden. Dadurch wird das volle Verständnis für die im Waagemantram beschriebenen Vorgänge erst möglich. Neben anderen kosmischen Tatsachen sind sie zugleich nachtodliche Erlebnisse der Menschenseele.

An die leergewordene Stelle des Waagezeichens tritt die Jungfraukraft. In ihr können die mit den Menschenseelen verbundenen Impulse Michaels für die Gegenwart voll zur Geltung kommen. Zunächst stellen sich die Jungfraukräfte in der Verinnerlichung des Seelenlebens und der Entstehung neuen irdischen Lebens dar. Die Rätsel der Innenseite der Seelentiefen wurden am 20. Jahrhundert durch die Psychologie zu lösen versucht. Dabei wurden manche Fragen gelöst, jedoch nicht das entscheidende: der Anteil des Geistes am Seelenleben. Die Lösung enthüllte sich erst durch das Erscheinen der Anthroposophie. Sie erzielte den entscheidenden Durchbruch in das Seeleninnere des Menschen unter voller Einbeziehung seines Geistes, so daß heute von einer objektiven Seelen- und Geisteswelt gesprochen werden kann. Das gleiche gilt für die Frage der Lebensentstehung. Trotz gewaltiger Vorstöße der Naturwissenschaft ist diese Frage bei ihr unbeantwortet geblieben. In der sachgemäßen Darstellung eines übersinnlichen Lebenshintergrundes als eine ätherische Welt konnte die Anthroposophie das zweite „Jungfrauenrätsel" enthüllen. Dadurch kann heute beschrieben werden, wie irdisches Leben entsteht und aus ätherischen Gestaltungskräften geformt wird. Beide Durchbrüche führen zur Wirklichkeit einer übersinnlichen Welt. Angeschaut im Bilde der Jungfrau-Sternenkraft erscheint hierbei das geistig-verinnerlichte Seelenwesen des übersinnlichen Menschen mit der Ähre des ätherischen Lebens in seiner Hand.

Im Rhythmus des Jahreslaufes bestätigt sich das seelisch-geistige Erfassen der Jungfraukräfte und ihre erkenntnismäßige Selbsterfassung in den ersten Zeilen der drei Sprüche des „Anthroposophischen Seelenkalenders" von R. Steiner (1912) für die jeweilige Woche vor und nach dem Herbstbeginn (23. September) einschließlich des Michaeltages (29 September):

> Sich selbst erschaffend stets,
> Wird Seelensein sich selbst gewahr.
> (13. –19. September)

> Ich darf nun mir gehören
> Und leuchtend breiten Innenlicht
> In Raumes- und in Zeitenfinsternis.
> (20. –26. September)

> Natur, dein mütterliches Sein,
> Ich trage es in meinem Willenswesen.
> (27. Sept.–3. Oktober)

Der durch die Anthroposophie enthüllte Michaelsimpuls bleibt aber nicht bei der schon naturhaft veranlagten Verinnerlichung oder der beschreibenden Durchdringung übersinnlichen Lebens stehen. Das geht schon aus der Fortsetzung der ersten Zeile des eben angeführten Wochenspruches zum Herbstbeginn hervor. Der eigentliche michaelisch-willenshafte Impuls, insbesondere gegenüber dem Jungfraukräftebereich, in dem die Gefahr des Stehenbleibens bei der erlangten Verinnerlichung vorliegt, besteht in der Herausrufung der Seelenkräfte zum Tätigwerden auf dem irdischen Plan. Nach der Erlangung der Innerlichkeit ist der Blick nach außen gefordert. Durch diese Wende wird außerdem der Ausgleich und die notwendige Kräftepolarität innerhalb der Jungfraustruktur selber hervorgebracht. Die Herausrufung erscheint in eindrucksvoller Weise im Jungfraumantram der „Zwölf Stimmungen", das sich somit als der eigentliche Herbst- und Michaelsspruch dieser Stimmung, erweist. Gleichzeitig wird sichtbar, von wem diese Herausrufung in allen Stimmungen hervorgeht: Es ist der wahre Zeitgeist Michael. Durch seine Christusverbindung ist ihm die kosmische Macht gegeben, die Cherubim zusammen mit den Menschen zum Weltenausgleich durch Sternenkräfte herauszurufen.

> DIE WELTEN ERSCHAUE, SEELE!
> DIE SEELE ERGREIFE WELTEN,
> DER GEIST ERFASSE WESEN,

AUS LEBENSGEWALTEN WIRKE,
IM WILLENSERLEBEN BAUE,
DEM WELTENERBLÜH'N VERTRAUE.
O SEELE, ERKENNE DIE WESEN!

Zur Sommersonnenwende erreicht der Jahreslauf seinen Höhepunkt der Sonnenentfaltung; Licht und Sonnenwärme kulminieren. Die Wende ist zugleich die Sonnenstunde des Jahres, bei der das Sonnengestirn ihr ureigenstes Wesen auszusprechen sucht. In der Jahresfolge der Sternzeichen findet diese Wende statt im Zeichen des Krebses. In einer Erwähnung des Krebsmantrams anläßlich der eurythmischen Einführung der zwölf Stimmungen am 29. August 1915 nimmt R. Steiner Bezug auf den Sonnenlauf: „Sie werden, wenn Sie die Stimmung nehmen, die Stimmung im Krebs, wo, nachdem der Aufstieg vollzogen ist, wiederum der Abstieg erfolgt, wo man gewissermaßen das Gefühl hat, daß die Sonne für einen Augenblick ruhig steht... da werden Sie etwas durchfühlen, aus der Art und Weise, wie die Worte in der betreffenden, wenn wir sagen wollen ‚Krebs-Strophe' gerade liegen." Nun erreicht die Sonne ihren Jahreshöhepunkt und steht dabei in Ruhe schon seit der Zeitenwende im Sternbild der Zwillinge. Der Hinweis Steiners bezieht sich hier auf den traditionell-astrologischen Formzusammenhang, der das Gerüst der „Zwölf Stimmungen" bildet. Daher auch der Hinweis auf das Solstitium, den R u h e - c h a r a k t e r der Sonne, der durch die erste Zeile des Krebsmantrams erscheint: „Du ruhender Leuchteglanz." Ein fortschreitender Zusammenhang ergibt sich, wenn auf die erreichte Sonnenentfaltung selber als innerer und äußerer Höhepunkt des Sonnenprozesses hingeblickt wird. Da gibt das Krebsmantram wenig wieder von den mächtigen Sonnenwirkungen der Wendezeit. Das äußere „Stehen" der Sonne ist sekundär im Verhältnis zur voll entflammten Sonnentätigkeit, die im Sinne des Zwillingmantrams sich zum „mächtigen Lebewalten" entfaltet. Dagegen erscheint diese ruhige Sonnenwirksamkeit einen Monat später, wenn die intensiven Entfaltungsvorgänge abzuklingen beginnen. Da wird die Sonne zu einem „ruhenden Leuchteglanz". Zusätzlich entsteht in der ersten Augustwoche ein irdischer Wärmehöhepunkt (die „Hundstage"), der die eigentlich ruhende Mitte des Sommers kennzeichnet. In dieser antwortet die erwärmte Erde harmonisch mit eigener Wärmeausstrahlung auf die eingestrahlte Sonnenwärme. Gleichzeitig mit diesem Sonnen-Erden-Prozeß ereignen sich im Menschen stille Reifeprozesse als entsprechende Parallelvorgänge. Solche sind insbesondere das Entstehen von Lebenswärme und das Aufkommen von Seelenwärme. Diese Tätigkeiten kommen klar zum Ausdruck im Krebsmantram, das nun von der Zeit nach der Sonnenwende zu Sommerbeginn um einen Monat vorrückt. Im Sinne des schon beschriebenen, festzuhaltenden Zeichenrhythmus währt diese neue Krebszeit vom 22. Juli bis 23. August:

> DU RUHENDER LEUCHTEGLANZ,
> ERZEUGE LEBENSWÄRME,
> ERWÄRME SEELENLEBEN
> ZU KRÄFTIGEM SICH-BEWÄHREN,
> ZU GEISTIGEM SICH-DURCHDRINGEN,
> IN RUHIGEM LICHTERBRINGEN.
> DU LEUCHTEGLANZ, ERSTARKE!

Zur Sommersonnenwende ist die Sonne am meisten sich selbst, sie ist am urbildlichsten „Sonnen-Sein". Zugleich ist der Wendezeitraum der Zustand, in dem die Sonne am besten erschlossen werden kann. Es wäre daher wesenhaft, die Aufforderung zum Erfahren der Sonnentätigkeit und zum Eindringen in ihr Wesen an das Sein der Sonne während dieser Zeit zu richten. So geschieht es auch im Zwillingmantram der „Zwölf Stimmungen": „Erschließe dich, Sonnesein." Danach erst wird auf die Ruhetendenz der Sternen-Zwillinge-Kraft zusammen mit dem „Stehen" des Sonnenkörpers (Solstitium) eingegangen. Der Ruhetrieb soll durch innere Bewegung überwunden werden. Die Zeile „Bewege den Ruhetrieb" ist zugleich die grundlegende Aufforderung an den sonnenverwandten aber irdisch-belasteten Menschengeist, die ihn immer bedrohende Ruhesehnsucht zu überwinden. Die beschließende Mondenzeile des Zwillingemantrams faßt das Vorhergehende zusammen in der Aufforderung, das Sonnesein durchgehend zu bewahren. Das Mantram erweist sich als der eigentliche Sonnenwendspruch und erfüllt den nach Sommerbeginn sonst folgenden Zeichenmonat Krebs:

> ERSCHLIESSE DICH, SONNESEIN,
> BEWEGE DEN RUHETRIEB,
> UMSCHLIESSE DIE STREBELUST
> ZU MÄCHTIGEM LEBEWALTEN,

ZU SELIGEM WELTBEGREIFEN,
ZU FRUCHTENDEM WERDEREIFEN.
O SONNESEIN, VERHARRE!

In der Zeichenfolge des Jahreslaufes beginnt mit der Wintersonnenwende das Sternzeichen des Steinbocks. Weihnachten fiele somit in die Zeit dieses Zeichens. Die Steinbockkräfte richten sich in die Höhen und in die Tiefen, sie verbinden das Obere mit dem Unteren und wirken dadurch gestaltend im Bereich der Aufrichtekräfte. Im Steinbockmantram der „Zwölf Stimmungen" werden die Gestaltungstendenzen zunächst durch Bewegungen im Zeitelement dargestellt. In der menschlichen Biographie kann das anschaubar gemacht werden. Der Mensch erreicht die Höhen und Tiefen des Lebens nur mit Hilfe des Werdens in der Zeit. Dabei muß er sich innerlich fortwährend mit der Vergangenheit, Gegenwart und Zukunft auseinandersetzen. – Das Mantram vollzieht dann den Übergang von Zeitenvorgängen zum Raum und spricht in der Saturnzeile vom Erblühen der „Lebens-Wirkensmacht". Dieses Aufblühen ist ein höchster Ausdruck der wirkenden Aufrichtekräfte:

DAS KÜNFTIGE RUHE AUF VERGANGENEM.
VERGANGENES ERFÜHLE KÜNFTIGES
ZU KRÄFTIGEM GEGENWARTSEIN.
IM INNEREN LEBENSWIDERSTAND
ERSTARKE DIE WELTENWESENWACHT,
ERBLÜHE DIE LEBENSWIRKENSMACHT.
VERGANGENES ERTRAGE KÜNFTIGES!

Auf den ersten Blick erscheint das Mantram als Ausdruck des Weihnachtsereignisses. Mit ihm zieht Künftiges ein und offenbart sich in Vergangenem. Nun hat sich aber bei der Geburt des Jesus die eigentliche Begegnung von Zukunft und Vergangenheit im Menschen Jesus selber noch nicht ereignet. Zunächst tritt das Jesuswesen als abschließendes Ergebnis einer langen göttlich-menschlichen Entwicklung in Erscheinung. Dieses Kindwesen ist die zusammengefaßte Offenbarung alles dessen, was die offenbare und verborgene Vergangenheit zur Erscheinung gebracht oder in sich getragen hatte. Die eigentliche Begegnung zwischen Zukünftigem und Vergangenem geschieht erst, nachdem das Christuswesen bei der Jordantaufe vollständig in die Wesenheit des Jesus von Nazareth eingezogen ist. Damit beginnen die Offenbarungen des Christuslebens, die als wesentlicher Inhalt der Evangelien bekanntwerden. Diese Offenbarungen entspringen der fortgesetzten Begegnung und Auseinandersetzung zwischen dem herabgekommenen Christus als Zukunft, dem aus dem Vergangenen der Menschheit hervorgegangenen Jesus. – Im Jahreslauf spiegeln sich die Ereignisse und entwickeln sich weiter fort in die Januar-Februar-Zeit. Beginnend mit der Erinnerung an die Jordantaufe am 6. Januar zum Epiphaniastag, dem Dreikönigsfest. Es ist die verwandelte Fortsetzung der Weihnachtszeit. Die Epiphaniaszeit erstreckt sich über vier Wochen bis einschließlich der dritten Februarwoche. Während dieser Zeit kann das Geisterereignis der Weihe-Nacht in seinen auswirkungen so verarbeitet werden, daß es zu „kräftigem Gegenwartsein" durch die immer intensiver werdende Begegnung zwischen Gottes-Zukunft und Menschen-Vergangenheit wird. Im Weihnachts-Kinde ereignet sich die Auseinandersetzung noch nicht. In dem Begegnungsvorgang entsteht eine Erfahrung, die entscheidend wichtig für die Menschenentwicklung ist: der innere Lebenswiderstand, angegeben in der Marszeile des Steinbockmantrams. Wird der Widerstand im Menschen nicht erlebt, droht ihm das völlige Aufgehen in äußere Lebensbedingungen oder in vorgegebene und fertige Weltanschauungen. Beides führt zu einer geistigen Mechanisierung und zum Verlust der selbständigen Lebenswahrnehmung. – Es kann also erkannt werden, wie auch das Steinbockmantram erst in der Januar-Februar-Zeit zur vollen Geltung kommt, wobei es den Zeitraum des bisherigen Wassermannzeichens einnimmt.

Zur Wintersonnenwende und damit zum anschließenden Weihnachtsereignis tritt das Schützemantram der „Zwölf Stimmungen" an die Stelle, an der früher die Kräfte des Steinbocks erlebt wurden. Mit der ersten Sonnenzeile wird sofort der große Umschwung und das Anhalten des Jahresganges erfaßt: „Das Werden erreicht die Seinsgewalt." Im Übersinnlichen vollzieht sich unaufhörlich eine Entwicklung, ein Werden. Zu gegebener Zeit taucht dieses Werden in die irdische Welt ein, um physisch-mineralische Gestalt anzunehmen. Die kosmisch-geistigen Kräfte verkörpern sich in bleibendes und vorübergehendes Sein. In der Gestalt tritt die gesamte mineralische Welt vor uns hin. „Die stoffliche Welt ist das Ende der Wege Gottes", so spricht es ein großer Mystiker aus (F. G. Oetinger). Derselbe Vorgang verwirklicht sich in dem Werden und der Geburt eines

Menschenwesens als irdische Stoffesgestalt. Der abschließende Höhepunkt als erreichtes Ziel einer unüberschaubar großen Entwicklung war die Geburt Jesu. Das bis dahin unoffenbare Werden des göttlichen Schöpfungswesens trat in die Sichtbarkeit des irdischen Seins. Die geistigen Zielkräfte des Schützen hatten damit ihr irdisches Ziel erreicht. Im Weihnachtsfest gedenkt der Mensch immer wieder dieser Tatsache. – Das Wesen, das alles menschliche Werden in Richtung auf eine irdische Verkörperung hin begleitet und mitgestaltet ist der Erzengel Gabriel. Er erscheint daher als der Verkündigungsengel, der die Geburten im voraus kundgibt. Gabriels Wille ist auf irdische Verwirklichung gerichtet. Er ist der Erzengel der stofflichen Verleiblichung, der die Bildekräfte vermittelt, die der Mensch zur Annahme einer Erdengestalt benötigt.

Das Ereignis der Verkörperung geistiger Wesen wird im Schützemantram vom Erleben des Kosmos aus geschaut. Von ihm her erscheinen alle irdischen Verkörperungen als Sterbevorgänge. Neues Leben auf der Erde entsteht nur durch ein Sterben im Himmel. Daher der Jupiter-Weisheitsspruch aus kosmischer Stimmung: „Im Sterben erreift das Weltenwalten." Der Mensch kann solche Seinsoffenbarung nur schwer direkt erkennen. Er sieht zunächst nur das Vergängliche der Seinserscheinungen. Dagegen aber reichen seine Empfindungen und Gefühle sehr viel weiter in Seinsbereiche hinein. Das Eintreten der Christusgestalt beim Weihnachtsereignis fühlt eigentlich jeder Mensch, sofern das Fühlen richtig vorbereitet wird. Das tiefere Fühlen gehört selber zum verborgenen Sein, das durch entsprechende Vorbereitung auch zur Erscheinung kommt. Dann fühlt ein Seiendes die Ankunft eines anderen Seienden. Die urbildliche Weihnachtserfahrung wird abschließend in der letzten Zeile, der Mondenzeile, konzentriert-substantiell zusammengefaßt: „Das Seiende fühle das Seiende." In der Schützekraft wird das erfüllende Ziel erreicht:

DAS WERDEN ERREICHT DIE SEINSGEWALT,
IM SEIENDEN ERSTIRBT DIE WERDEMACHT.
ERREICHTES BESCHLIESST DIE STREBELUST
IN WALTENDER LEBENSWILLENSKRAFT.
IM STERBEN ERREIFT DAS WELTENWALTEN,
GESTALTEN VERSCHWINDEN IN GESTALTEN.
DAS SEIENDE FÜHLE DAS SEIENDE!

Die Skorpionkräfte wurden bisher in ihrem Zeichenbereich in der Oktober-November-Zeit als wirksam erlebt. In ihnen erkannte man die kosmischen Todeskräfte. Werden diese Kräfte einen Monat später erfahren, erweisen sie sich als tätig zur Adventszeit. Das erscheint zunächst überraschend und schwer annehmbar. Und doch zeigt die Adventszeit in der Gegenwart immer wieder eine Dramatik, die aus der Berührung mit dem Skorpionwesen entspringt. Der Mensch verschließt sich dieser Dramatik meist aus einem romantisch-verkleinerten Erleben der Adventszeit, die als vorwiegend äußerliche Vorbereitung auf das Weihnachtsfest gesehen wird. Demgegenüber spricht das Adventevangelium eine deutliche Sprache: „Himmel und Erde werden vergehen..." (Lukas 21). Die Adventdramatik einer untergehenden Welt ist demnach ein altbekanntes Motiv. Damit das Neue zu Weihnachten Platz ergreife, muß immer auch auf den Untergang des alten hingeblickt werden. Im Skorpionmantram der „Zwölf Stimmungen" erscheint genau dieses Motiv; die Sonnenzeile gibt es als erstes an: „Das Sein, es verzehrt das Wesen." Das Sein enthält sowohl Werden als auch Vergehen, Leben und Tod. Ein charakteristisches Beispiel sind die aus der Sonne hervorgehenden Wirkungen: Leben, Licht und Wärme; zugleich verzehren sie – wenig bemerkt und doch fortwährend tätig – alles Gewordene durch ihre ständig wirkende Feuerkraft. Die aufzehrende Tätigkeit entspringt den durch den Kosmos hindurchwirkenden Todeskräften des Skorpions. Der weitere Fortgang des Skorpionmantrams zeigt zugleich, wie diese Kräfte ausgleichend und gestaltend wirken. Die Jupiter- und Saturnzeile offenbaren das Formen des Weltenschicksals: „In strafendem Weltenwalten, im ahndenden Sich-Gestalten." Mit dem Eintritt in den Bereich des eigentlichen Seins begegnet der Mensch den wirksamen Todeskräften; sie sind ein Teil des Weltengrundes und damit des Vaterwesens der Welt. Durch das Christuswirken werden die Todeskräfte nicht zurückgestoßen, sondern in ihrem Dasein anerkannt und in das verwandelte neue Christusleben mit hineingenommen. Das zeigt die Anwesenheit des Jüngers Judas beim Abendmahl am historischen Gründonnerstagabend. Der alles durchdringende Verwandlungsvorgang ermöglicht allen Wesen die Todeskräfte verwandelt aufzunehmen und dadurch andere Wesen zu erhalten. Zu diesen Wesen gehört auch der Mensch. Die abschließende Mondzeile des Skorpionsmantrams spricht die weitreichende und gewichtige Tatsache als Ergebnis des Waltens der Skorpionsternenkräfte aus:

DAS SEIN, ES VERZEHRT DAS WESEN,
IM WESEN DOCH HÄLT SICH SEIN.
IM WIRKEN ENTSCHWINDET WERDEN,
IM WERDEN VERHARRET WIRKEN.
IN STRAFENDEM WELTENWALTEN,
IM AHNDENDEN SICH-GESTALTEN
DAS WESEN ERHÄLT DIE WESEN.

Dem Skorpion gegenüber steht im Tierkreis der Stier. In der Zeichenfolge werden seine Kräfte im April-Mai erlebt. In dem Zeitraum wirken in der Gegenwart die Widderkräfte in Übereinstimmung mit dem Voranschreiten der Sonne am Himmel als Folge der Präzession. Das Stierwesen schreitet entsprechend in den Monatsraum fort, den die Zwillinge bisher als Zeichen einnahmen: Mai-Juni. Im durchchristeten Jahreslauf fällt das Pfingstfest in diese Zeit. In ihm erlebten die Menschen als ein Mittelpunktsereignis die Erscheinung der Feuerflammen auf ihren Häuptern und als Umkreisereignis die in großer Anzahl neu hinzukommenden Menschen. Durch die Überwindung der Sprachbarrieren wurde der einzelne Menschenmittelpunkt mit dem Umkreis der herankommenden Menschen zu einer Seelengemeinschaft verbunden. Das neue Christus-Geistwort war in die Pfingstgemeinschaft eingezogen. – Der natürliche Jahreslauf zeigt Parallelerscheinungen. In den Blüten entfalten sich Feuerprozesse; im Umkreis bilden sich immer mehr Blüten. Entsprechend dem sich sphärisch ausbreitenden Wortelement tritt der intensiv gewordene Duft der Blüten, der wolkenartig die um die Blüten sich bildende Atmosphäre durchdringt und sie selber mit hervorbringt. Die Duft- und Pollenatmosphäre schließt das Blütenmeer zu einer Einheit zusammen.

Die Flammenbildung über dem einzelnen Menschen weist auf seine neue Ich-Begabung hin: Mit der Aufnahme des Christusgeistes erscheint erst das im Menschen veranlagte Gottesbild. Es ist der Bildglanz der Schöpfungswesen (Elohim). Das eigentliche und tiefere Wesen des Menschen leuchtet auf. Der Vorgang wird in der Sonnenzeile des Stiermantrams genau angesprochen: „Erhelle Dich, Wesensglanz", und wird abschließend in der Mondenzeile vertieft: „O Wesensglanz, erscheine!" Mit dem Verständnis der sonst unverständlich bleibenden anderen Sprachen erscheint eine höhere Sprache als Ergebnis des Pfingstereignisses. Die Sprachkräfte sind mit dem Kehlkopf verwandt; er ist wiederum ein Ausdruck der Stierkräfte. Im Kehlkopf sind die angeborenen Muttersprachen der Menschen verwurzelt. Ihre Überwindung und das anfangsweise Hervorgehen einer höheren – für die Christus-orientierten Menschen verständlichen Sprache – ist ein Ereignis im Kehlkopf-Stierbereich. Insofern offenbart sich die Pfingststimmung der Mai-Juni-Zeit im Stiermantram der „Zwölf Stimmungen":

> ERHELLE DICH, WESENSGLANZ,
> ERFÜHLE DIE WERDEKRAFT,
> VERWEBE DEN LEBENSFADEN
> IN WESENDES WELTENSEIN,
> IN SINNIGES OFFENBAREN,
> IN LEUCHTENDES SEINS-GEWAHREN,
> O WESENSGLANZ, ERSCHEINE!

Die Sternkräfte des Löwen nehmen den Platz im Jahreslauf ein, in der die Jungfrau der Tradition nach noch als Zeichen steht. Es ist der Zeitraum von der letzten Augustwoche bis zum Herbstbeginn im September (astronomisch: 11. August bis 16. September). Während dieser Wochen vollendet sich der Sommer. Der Abschluß dieser Jahreszeit mit den mannigfaltigen Blüten und der Fülle von Früchten kann als Entsprechung im kleinen gegenüber der gesamten vollendeten Schöpfung im großen gesehen werden. Die Natur tritt den Menschen als abgeschlossene reiche Sinneswelt entgegen. In ihr erscheint das majestätische Bild des Löwen als ein erhabener Hinweis auf die vollkommen gebildete Sinnenwelt. In ihrer Vollendung ruht sie statisch in sich selber. Die gewordene Welt würde unverändert bleiben, gäbe es nicht Wesen, die aufgerufen sind, sie weiter zu bilden. Zu diesen Wesen gehört auch der Mensch. Zusammen mit dem Löwen-Cherub wird er aus der harmonisch-ruhenden Statik seiner eigenen Natur und die seiner Umwelt durch den Anruf des Engelwesen Michael im Löwenmantram herausgerufen: „Durchströme mit Sinngewalt gewordenes Weltensein." Der Begriff Sinn enthält sowohl Erkenntnis als auch sinnenhaft Erlebtes. Im Herangehen an das gewordene Sein der Welt, das sich farbig-leuchtend und abgeschlossen im letzten Sommermonat darstellt, werden die Löwenkräfte aufgerufen, mit Erkenntnis und sinnenhafter Bildkraft die gewordene Natur zu durchdringen. Dies führt zu einem weiter bildenden Weltprozeß, der alle Daseinsbereiche durchdringt. Das Ergebnis gibt die letzte Mondenzeile wieder: Die Sternenkraft des Löwen ersteht nach dem Durchgang durch die Welt mit sinnenhafter Gewalt.

DURCHSTRÖME MIT SINNGEWALT
GEWORDENES WELTENSEIN,
ERFÜHLENDE WESENSCHAFT
ZU WOLLENDEM SEINENTSCHLUSS.
IN STRÖMENDEM LEBENSSCHEIN,
IN WALTENDER WERDEPEIN,
MIT SINNGEWALT ERSTEHE!

Dem Sternbild des Löwen gegenüber steht das Wassermannbild. Als Zeichen wird der Wassermann etwa ab der letzten Januarwoche bis in den Februar hinein erlebt. In Übereinstimmung mit der beschriebenen Entwicklung schreitet diese Sternenkraft in die Zeit ab der letzten Februarwoche bis zum Frühlingsbeginn im März vor. Dadurch bildet sie den Abschluß des tropischen Jahres, das von einem Frühlingsbeginn zum nächsten verläuft. – Im Wassermann erscheint die Gestalt des Menschen selber. Das Wesen des Menschen erweist sich als eine Doppelheit: als irdische und kosmische Erscheinung. Der irdische Mensch ist begrenzt; er sucht seine Begrenzungen zu überwinden, um sich in das Unbegrenzte hinein zu erweitern. Der kosmische Mensch ist seinem Wesen nach unbgrenzt; er sucht die irdische Begrenzung, um dem Erdenschicksal gerecht zu werden. Das Wassermannmantram der „Zwölf Stimmungen" richtet zunächst den Blick auf den begrenzten Erdenmenschen, mit dem sich auch der Wassermann-Cherub verbunden hat: „Begrenztes sich opfere Grenzenlosem." Es ist das Bild des Menschen, der sich hier zusammen mit einem hierarchischen Wesen einer höheren Welt handelnd zuwendet. In diesem Sinne vermag nur das Menschenwesen zu opfern. – Mit dem Gewahrwerden der übersinnlichen Wassermannkräfte erlebt der irdische Mensch unmittelbar das Unbegrenzte seines übersinnlichen Wesens. Um sich entsprechend den Erdengesetzen richtig zu verleiblichen, muß der übersinnliche Mensch die ihm zugedachten oder von ihm frei gewählten Grenzen suchen. Durch rhythmische Wiederholungen dieser Tätigkeit entsteht ein befreiender, aber auch gestaltender Lebensprozeß. Er stellt sich als ein Atmungsvorgang zwischen dem irdischen und kosmischen Menschen dar.

Im Jahreslauf ereignen sich die auf den Menschen bezogenen Prozesse als Abschluß des Winters. Der Beginn der Wassermannzeit liegt am 20. Februar, einige Tage vor dem Lazarustag am 23. Februar. Das Lazarusgeschehen weist auf die eigentliche Herausrufung des Menschen aus seinem Erdengrab. Das Grab kann in der notwendigen Gestaltung gesehen werden, die in den kristallhaften Winterkräften zum Ausdruck kommen und den geformten Menschenleib mitgestalten. Er ist für den Menschen zunächst die Begrenzung an sich. Aber auch das Unbegrenzte kommt ihm in den Winterkräften entgegen: Es sind die kristallinischen Bildekräfte der Sternenweiten, die sich etwa als Abbild in der unüberschaubaren Formenfülle der Schneesterne offenbaren. Diese Weltenkräfte fügen sich in die kristallisierende Erde von oben weiter ein. Zugleich führen sie in die Unbegrenztheit der Sternenwelt, die als Himmelskuppel die Erde überwölbt. – Das Ereignis des Frühlingsbeginnes schließt den Wassermannzeitraum ab (astronomisch vom 15. Februar bis 13. März). Der Mensch selber erscheint im durchchristeten natürlichen Jahreslauf in Übereinstimmung mit der fortschreitenden Sternenwelt als der krönende Abschluß in seiner irdisch-kosmischen Gestalt:

BEGRENZTES SICH OPFERE GRENZENLOSEM.
WAS GRENZEN VERMIßT, ES GRÜNDE
IN TIEFEN SICH SELBER GRENZEN;
ES HEBE IM STROME SICH,
ALS WELLE VERFLIESSEND SICH HALTEND,
IM WERDEN ZUM SEIN SICH GESTALTEND.
BEGRENZE DICH, O GRENZENLOSES.

Das Sternenwesen und der Erzengel Michael

Es konnte in diesen Darstellungen gezeigt werden, wie die Menschheit ein ursprünglich lebendiges Verhältnis zu den Sternenwelten hatte. Von ihnen gingen Wirkungen aus, die als Ausdruck hoher hierarchischer Wesen zu sehen sind. Die Wesen aus der Hierarchie der Cherubim stellten ein harmonisches Verhältnis zwischen der Geburt des Menschen, seinem

Lebensgang und den Sternenwelten her. Durch diese Harmonie verblieb die Menschheit mit der göttlichen Welt verbunden. Die Entwicklung führte dazu, daß die Menschheit begann, sich aus der Verbindung herauszulösen. Doch hatten die hierarchischen Sternenwirkungen sich soweit in den herabsteigenden Menschen eingefügt, daß ein Wesensteil der Cherubim dem Vorgang der Verirdischung folgen mußte. In der Art gingen die lebendigen Sternenwirkungen in einen berechenbaren Zusammenhang über, der die ungleich großen Tierkreiskräfte-Bereiche in eine gleichmäßig eingeteilte Sphäre überführte. Damit war die irdische Sternenkunde geboren, die nach der Zeitenwende in der Gestalt der Astrologie weitergeführt wurde. Die Astrologie mußte den alten Sternenhimmel festlegen; denn nur die Vergangenheitsbeziehung der Menschheit zu den Sternen ergab die Grundlage für eine Betrachtung der Geistzusammenhänge des Menschen mit den Sternen.

Nachdem die Menschheit aus ihrer Beziehung zu den Sternen vollständig herausgetreten war, erschien die Christuswesenheit auf der Erde. Sie brachte den geistigen Ertrag des Fortschreitens der Sonne und der Sterne auf die Erde herab. Zugleich begann auch das im Menschen verbliebene Sternenerbe verwandelt zu werden, sofern die einzelnen Menschen eine Verbindung mit dem Christus aufnehmen konnten. Ein Miterleben der äußeren Sternenwelt konnte auch im Christentum nicht aufrecht erhalten werden, die Verbindung riß weiter ab. Sie entwickelte sich zu einem wesentlichen Teil durch das Christentum auf der Erde weiter. Es war gewissermaßen ein weiterfließender unterirdischer Strom. Er trat dann mit dem Beginn des astronomischen Zeitalters im 16. Jahrhundert an die Oberfläche. Damit wurden die Grundlagen für ein neues Sternenerleben gelegt. Es beginnt im 20. Jahrhundert durch die Anthroposophie und ist verbunden mit dem Evolutionsschritt, daß bald 2 160 Jahre verflossen sind, seitdem das Christusereignis zur Zeitenwende einen wesentlichen Teil der Sternen- und Sonnengeistigkeit auf die Erde herabgebracht hatte. Denn mit dem Sonnenwesen Christus wurde auch der Rhythmus des Sonnendurchganges durch ein Sternzeichen in den Erdbereich hineingeführt. Durch den 2 160-Jahre-Rhythmus können die apokalyptischen Bilder der Ankunft des Viergetieres von Löwe, Stier, Mensch und Adler in ihrer neuen Sternenkonfiguration in der Gegenwart erlebt werden. Sie sind Ausdruck der bis in den Kosmos hineinreichenden Auferstehungskräfte, von denen die cherubimischen Sternenwesen durchdrungen werden. Die Wesensdurchdringung bildet den Hintergrund für ein erneuertes Christentum auf der Erde und bereitet das Wassermannzeitalter vor.

Durch das Erscheinen der Anthroposophie wurde insbesondere das Wirken des Erzengels Michael offenbar. Mit der Kraft seiner Menschennähe kann er die kosmischen Gleichgewichtswirkungen der Cherubim in den Menschenwillen überführen. Michael ist in diesem Willen so tätig, daß er den Menschen fortwährend veranlaßt, sein eigenes Sein in harmonische Übereinstimmung mit dem Sein der Welt zu bringen. Das äußert sich im Bestreben des Menschen, die Wirklichkeit zu erfahren und zu erfassen. Aus dieser Weltwirklichkeit geht der Menschenwille hervor. Tritt der Mensch aus dieser Wirklichkeit heraus, verliert er seinen Willen. Michael kann dann nicht mehr in ihm wirken. Die kosmischen „Zwölf Stimmungen" offenbaren, wie Michael das höhere, kosmisch geneigte Wesen des Menschen aufruft, zusammen mit den cherubimischen Sternenwesen ein harmonisches Verhältnis zur Wirklichkeit des gegenwärtigen Sternenganges zu suchen. Im übersinnlichen Wesen der Menschen entfaltet Michael diese Tätigkeit unaufhörlich. So verhindert er, daß der Mensch aus seinem Gleichgewichtszustand mit dem Kosmos herausfällt. Erst durch das Gleichgewicht dem Kosmos gegenüber können die Menschen eine Denktätigkeit entfalten, die die Weltwirklichkeit ergreift. Die Aufgabe Michaels und seine bereits vollbrachten Taten beschreibt R. Steiner in einem Aufsatz vom 2. November 1924 mit dem Titel: Menschheitszukunft und Michaeltätigkeit (Anthroposophische Leitsätze): „Michael rechnet es sich zur tiefsten Befriedigung an, daß es ihm gelungen ist, die Sternenwelten d u r c h d e n M e n s c h e n noch unmittelbar mit dem Göttlich-Geistigen auf die folgende Art verbunden zu erhalten. Wenn der Mensch, nachdem er das Leben zwischen dem Tode und einer neuen Geburt vollbracht hat, wieder den Weg zu einem neuen Erdendasein antritt, dann s u c h t er beim Hinabstieg zu diesem Dasein eine Harmonie zwischen dem Sternengang und seinen Erdenleben herzustellen. Diese Harmonie, die vorzeiten selbstverständlich da war, weil das Göttlich-Geistige in den Sternen wirkte, in denen auch das Menschenleben seinen Quell hatte: sie würde heute, wo der Sternengang bloß die W i r k s a m k e i t des Göttlich-Geistigen fortsetzt, nicht da sein, wenn der Mensch sie nicht suchte. Er bringt sein aus früherer Zeit bewahrtes Göttlich-Geistiges in ein Verhältnis zu den Sternen, die ihr Göttlich-Geistiges nur noch als Nachwirkung einer früheren Zeit in sich haben. Dadurch kommt ein Göttliches in das Verhältnis des Menschen zur Welt, das früheren Zeiten entspricht, doch aber in späteren Zeiten e r s c h e i n t. Daß dies so ist, d a s i s t d i e Tat M i c h a e l s. Und diese Tat gibt ihm eine so tiefe Befriedigung, daß er in dieser Befriedigung einen Teil seines Lebenselementes, seiner Lebensenergie, seines sonnenhaften Lebenswillens hat."

Name		Bild		Zeichen	
		Anfang	Sonnengang	Anfang	Sonnengang
Widder	♈	29°	19. 4.–13. 5.	0°	21. 3.–21. 4.
Stier	♉	53°	14. 5.–20. 6.	30°	21. 4.–21. 5.
Zwilling	♊	89°	21. 6.–19. 7.	60°	21. 5.–21. 6.
Krebs	♋	117°	20. 7.–10. 8.	90°	21. 6.–22. 7.
Löwe	♌	138°	11. 8.–15. 9.	120°	22. 7.–23. 8.
Jungfrau	♍	173°	16. 9.–1. 11.	150°	23. 8.–23. 9.
Waage	♎	219°	2. 11.–19. 11.	180°	23. 9.–23. 10.
Skorpion	♏	237°	20. 11.–19. 12.	210°	23. 10.–22. 11.
Schütze	♐	268°	20. 12.–18. 1.	240°	22. 11.–21. 12.
Steinbock	♑	298°	19. 1.–14. 2.	270°	21. 12.–20. 1.
Wassermann	♒	326°	15. 2.–11. 3.	300°	20. 1.–20. 2.
Fische	♓	351°	12. 3.–18. 4.	330°	20. 2.–21. 3.

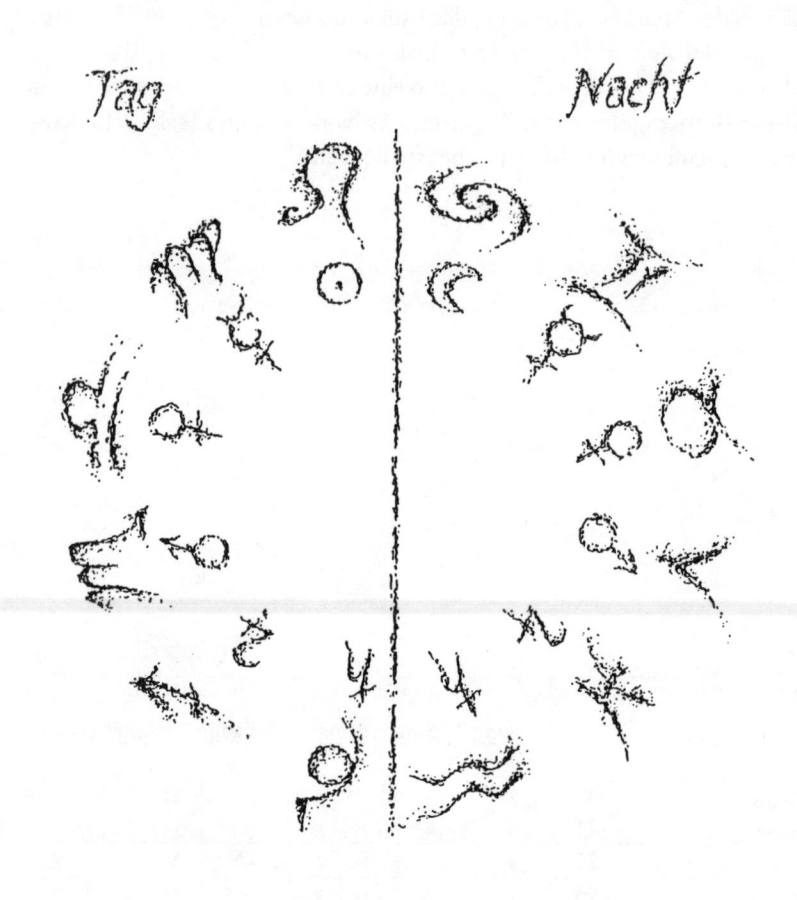

Planeten - Tag- und Nachtaspekte

Anhang
Die Richtungsbestimmung der Sonnenbewegung im Platonischen Weltenjahr im Werke Rudolf Steiners.*

Im Vortragszyklus „Entsprechungen zwischen Mikrokosmos und Makrokosmos" (GA 201) berührt R. Steiner mehrere Male die durch die Präzession verursachte Sonnenbewegung und ihr Verhältnis zu den irdischmenschlichen Zusammenhängen. Eine erste Erwähnung im 4. Vortrag gibt direkt und unmittelbar den in der vorangehenden Darstellung beschriebenen geozentrisch-phänomenologischen Aspekt wieder, bei dem die Sonne voranschreitet: „Und wiederum, wenn wir die Zahl der Jahre nehmen, welche die Sonne braucht, wenn sie scheinbar oder wirklich, darauf kommt es jetzt nicht an, vorrückt in ihrem Frühlingsaufgangspunkte – immer schreitet sie ein Stückchen vor jedes Jahr –, so braucht sie 29 920 Jahre, um einmal ihren Frühlingsaufgangspunkt um den ganzen Himmel herum zu führen: ein platonisches Jahr." Doch schon etwas weiter im selben Vortrag kehrt sich in der Beschreibung R. Steiners die Richtung der Sonnenbewegung um, – die Sonne bleibt zurück: „Viele tausend Jahre vor unserer Zeitrechnung war es den Ägyptern bekannt, daß nach 72 Jahren die Fixsterne in ihrer scheinbaren Bewegung der Sonne um einen Tag vorausgeeilt sind. Zunächst sieht es ja so aus, nicht war, daß die Fixsterne sich scheinbar drehen, die Sonne sich scheinbar dreht: Aber die Sonne dreht sich wesentlich langsamer als die Fixsterne, und nach 72 Jahren sind die Fixsterne schon ein Stück vorausgeeilt."

Bei der ersten Aussage scheint R. Steiner spontan von sich aus zu formulieren, bei der zweiten ist es deutlich, daß er alte astronomische Traditionen wiedergibt. Ihre Inhalte führen zu Begriffen, die seiner ersten Aussage widersprechen. Im Blick auf diese Traditionen wissen wir, wie etwa der griechische Astronom Hipparch (um 140 v. Chr.) überlieferte Berechnungen übernommen und selber neue erstellt hat, aus denen hervorging, wie

---
* Ursprünglich erschienen als Aufsatz in „Mitteilungen aus der anthroposophischen Arbeit in Deutschland" III, 1991

der Sternenhimmel gegenüber dem Frühlingsaufgangspunkt der Sonne sich langsam von diesem in östlicher Richtung entfernte. Um diese und andere Bewegungen zu verstehen, suchten die Astronomen und Denker der damaligen Zeit einen feststehenden kosmischen Hintergrund, auf dem die verschiedenen Bewegungen der Sterne anschaubar und erklärbar gemacht werden konnten. Dabei ging man nicht mehr von den Überlieferten bedeutenden Einsichten Heraklits aus, der ausgesprochen hatte „alles fließt" und „man steigt niemals wieder in denselben Fluß".

Die jüngere, aristotelische Vorstellung von einem „unbewegten Beweger" im Hintergrund des Daseins wurde entscheidend wichtig. Denn zur Ausbildung der Verstandesseele gehört auch, daß ein statisch-ruhender Zusammenhang gesucht oder konstruiert wird, auf dem die weiteren Erkenntniselemente aufgebaut werden. Für den ruhenden Hintergrund mußten die Astronomen zwischen der Fixsternsphäre und dem Frühlingsaufgangspunkt der Sonne mit dem dazugehörigen Planetensystem wählen. Sie wählten das letztere und entwarfen ein Gradnetz auf der Ekliptik (die Jahressonnenbahn auf dem Tierkreishintergrund), wobei die Sonne im Frühlingspunkt den Beginn der Gradzählung bildete. Das Gradnetz wurde das „primum mobile", das „Erste Bewegte" genannt, wobei davon ausgegangen wurde, daß es sich nun in Ruhe befand. Charakteristisch für die sonnenverbundenen Griechen wurde eben nicht der nächtliche Fixsternhimmel, sondern das auf dem Sonnenfrühlingspunkt ruhende Gradnetz; es wurde fixiert und bildete für die folgende astronomische Wissenschaft den in Ruhe befindlichen Meßhintergrund.

Als nun beobachtet wurde, wie sich die Fixsterne dem „primum mobile" gegenüber nach Osten bewegten, wurde der Vorgang mit dem Begriff „Präzession" belegt. Diese Bewegung als ein Voranschreiten aufzufassen, muß wohl vor allem mit der Sonnenverbundenheit der Griechen gesehen werden. Denn im Jahreslauf bewegt sich die Sonne mit allen Planeten von West nach Ost, also in dieselbe Richtung wie die Sterne sich vom Frühlingspunkt infolge der Präzession hinweggewegen. – Wurde nun die West-Ost-Bewegung der Fixsterne als ein Voranschreiten benannt, muß später, nachdem man nicht mehr von einem ruhenden Frühlingspunkt mit Gradnetz ausging, sondern auch von einer Bewegung wußte, die Bewegungsrichtung des Frühlingspunktes mit der Sonne als ein Zurückbleiben oder Rückwärtswandern bezeichnet werden. Somit entstand die Begriffsfestlegung der Rückwärtsbewegung des Frühlingspunktes als Folge der Präzession.

Bei der fortgesetzten Übernahme dieses Begriffes durch die astronomische Wissenschaft in neuerer Zeit wurde nicht gefragt, ob die einmal gegebene Bezeichnung richtig war und einer Auffassung der neueren Zeit entsprach, Die astronomisch erfaßten Phänomene hatten sich durch die materialistisch-naturwissenschaftliche Sicht von den qualitativ wesentlichen Zusammenhängen losgerissen. Durch eine allgemeine Relativierung der modernen Weltauffassung waren Begriffe wie vorwärts und rückwärts inhaltslos geworden. Da darüber hinaus die in Betracht kommende Sonnenbewegung im Frühlingspunkt nur als Scheinbewegung angesehen wurde, war es überhaupt überflüssig geworden, zum eigentlichen Inhalt der übernommenen und angewendeten Begriffe Stellung zu nehmen. Die allgemeine Relativierung wird erst wieder überwunden werden, wenn die astronomischen Tatsachen mit einer geistig-wesenhaften Wirklichkeit in Verbindung gebracht und zugleich in Übereinstimmung mit der Wirklichkeit des Mensch gesehen werden.

Bei der zuletzt angeführten Aussage R. Steiners in Verbindung mit der Präzession kam es ihm nicht darauf an, die angewendeten Begriffe selber zu untersuchen, sondern die Tatsache der Präzession selber mit ihrem besonderen Rhythmus in Beziehung zum Menschen zu setzen. So entsteht durch die gegenseitige Verschiebung von Sternen und Sonne im Verlauf von 72 Jahren eine zeitliche Differenz von einem Tag. Die Dauer von 72 Jahren entspricht einem Menschenleben, das damit zugleich gewissermaßen einem kosmischen Tag entspricht. R. Steiner begann damit, den wesenhaften Zusammenhang von Kosmos und Mensch aufzuzeigen.

Bei einer dritten Erwähnung desselben Themas im 6. Vortrag des erwähnten Zyklus werden die Kräftewirkungen beschrieben, die zu einer Veränderung des Menschen führen: „Es ist eine Bewegung, der im Innern des Menschen entsprechen muß etwas, was als Verhältnis besteht zwischen den inneren Bewegungskräften und den Gestaltungskräften; aber es muß eine lange Dauer haben ... Die menschlichen inneren Bewegungskräfte müssen sich in irgeneiner Weise verändern, so, daß sie anders liegen zu dem, was an der Peripherie des Menschen ist." – Die Gestaltungskräfte gehen aus dem Tierkreis-Fixstern-Bereich hervor, sie sind der Hintergrund für die Ausformung der menschlichen Gestalt und bilden ihre „Peripherie". Dagegen stammen die Bewegungskräfte von der Sonne. Indem die beiden Kräftebereiche im Menschen in einem Bewegungsverhältnis zueinander stehen – kosmisch veranlagt durch die Präzession –, verändert sich langsam die Konstitution des Menschen und damit auch sein Bewußtsein.

Eine weitere, die vierte Erwähnung der Präzession im 13. Vortrag bringt eine Wende mit sich. R. Steiner schließt zunächst direkt an den 6. Vortrag an und greift die ägyptischen Sterntraditionen wieder auf. Das Motiv des Zurückbleibens der Sonne wird nun im Prozeß der über dem Erdhorizont aufgehenden Sterne und damit im Zeitenlauf deutlich aufgezeigt: „Die Ägypter wußten und verzeichneten das, daß die Sonne in 72 Jahren um einen Tag zurückbleibt, daß also, wenn ein bestimmter Stern, mit dem zugleich die Sonne in einem bestimmten Jahre aufgegangen ist, nach 72 Jahren wiederum aufgeht, die Sonne mit ihm nicht zugleich aufgeht, sondern daß sie dann erst 24 Stunden später aufgeht. Der Stern, der der Fixsternwelt angehört, der ist in 72 Jahren der Sonne um einen Tag, um einen vollen Tag vorausgeeilt." Es wird gewöhnlich nicht beachtet, wie entscheidend wichtig es ist, daß sich beim Übergang der Sternbewegungen aus dem Himmelsraum in den irdischen Zeitstrom gewissermaßen eine Umkehr der Raumesrichtungen vorwärts und rückwärts ereignet, es vollzieht sich eine Art Umstülpung von Raum in die Zeit. Zur Wintersonnenwende stehen die Sternbilder Krebs – Zwillinge – Stier – Widder – Fische hoch am Nachthimmel. Diese Reihenfolge begleitet im Sommer dem Sonnentageslauf, der unser Zeitgefühl vermittelt und führt im Verfolgen dieser Bahn von links nach rechts zur Erkenntnis, daß diese Richtung das Erlebnis eines Vorwärtsschreitens hervorruft.

Verfolgt der Mensch die Aufgänge dieser Sternbilder im Jahreslauf (oder auch Tageslauf) ergibt sich der folgende Vorgang: Zuerst werden etwa die Fische aufgehen, danach folgt der Widder. Nach seinem Aufgang wird er zur zeitlichen Gegenwart, und die Fische sind in der Vergangenheit zurückgeblieben, sie stehen nun im Jahreslauf nach dem Widder. Geht nun der Stier auf, bleibt der Widder zurück und gehört der Vergangenheit an nach dem Stier. Im Zeitstrom des Jahreslaufes im Sinne einer Vorwärtsbewegung ergibt sich die Reihenfolge der Sternbilder Fische – Widder – Stier. Sie stehen in der Abfolge und damit Bewegungsrichtig entgegengesetzt der Reihenfolge am Himmel, nämlich: Stier – Widder – Fische. Für die entsprechende Umkehr der Bewegungen, die von der Präzession verursacht werden, ergibt sich folgender Vorgang: Schreitet die Sonne von Ost nach West voran, wie sie es in den verflossenen Jahrtausenden getan hat, durchläuft sie Stier – Widder – Fische. Im Durchgang durch die Monate des Jahreslaufes mit ihren Sternbezügen verbleibt die Sonne dagegen zusammen mit dem Frühlingspunkt zurück. Dagegen rücken die Sternbilder nach vorne: Wo in ferner Vergangenheit der Stier zu Frühlingsbeginn stand, wurde sein Platz um 1900 vom Widder eingenommen. Zur Zeitenwende schoben sich die Fische, die bis dahin hinter dem Widder standen nach vorne, um den bisherigen Platz des Widders einzunehmen. Dort stehen sie heute noch. So veranlaßt die Präzession, die Sternbilder durch den Jahreslauf hindurch zu bewegen.

Die wesenhafte Bedeutung dieser Richtungsumkehr in der Zeit gegenüber dem Himmelsaspekt zeigt die letzte und fünfte Darstellung R. Steiners im 14. Vortrag des erwähnten Zyklus. Der schon in der vorigen Darstellung gewählte irdische Zeitaspekt der Präzession wird hier beibehalten und wesenhaft vertieft, obwohl die Diktion und manche Bilder und Begriffe den Eindruck erwecken, es handle sich um Bewegungsvorgänge im außerirdischen Kosmos: „Aber wenn wir in Betracht ziehen, was man ja wissen kann, daß die Sonne ihren Frühlingsaufgangspunkt jedes Jahr verschiebt und ein kleines Stück gegenüber den Sternen zurückbleibt, so kommen wir zu einer außerordentlich wichtigen Tatsache ... Noch in den hebräischen Mysterien sagte der Lehrer zu seinen Schülern, ihnen dies sehr, sehr tief einprägend: Jahve ist es, der bewirkt, daß die Sonne hinter den Sternen zurückbleibt. Und Jahve bildet mit der Kraft, die da die Sonne zurückhält, die menschliche Gestalt aus, die sein Ebenbild ist. Also wohlgemerkt: Die Sterne laufen schneller, die Sonne läuft langsamer. Da entsteht eine kleine Differenz. Und diese Differenz wäre nach den alten Mysterien das, was die Gestalt des Menschen bewirkt. Aus der Zeit heraus wird der Mensch so geboren, daß er sein Dasein verdankt den Unterschieden in der Geschwindigkeit zwischen dem Sternenweltentag und dem Sonnenweltentag. Wir würden heute in unserer Sprache sagen: Wäre die Sonne nicht im Weltenall, wäre sie ein Stern wie die anderen Sterne, was wäre die Folge? Die Folge wäre, daß die luziferischen Mächte allein herrschten. Daß nicht die luziferischen Mächte alleine herrschen im Weltenall, sondern der Mensch in die Lage kommt, sich den luziferischen Mächten zu entziehen mit seiner ganzen Wesenheit, das ist verdankt dem Umstand, daß die Sonne die Geschwindigkeit der Sterne nicht mitmacht, sondern hinter ihnen zurückbleibt, nicht die luziferische Geschwindigkeit entfaltet, sondern die Jahve-Geschwindigkeit entfaltet." Die Wirkungen der Präzession im irdischen Zeitverlauf führen nicht nur zu einem Wandel des Bewußtseins oder zu einer Konstitutionsveränderung, sondern zur Schaffung der menschlichen Gestalt selber. Die Kraft Jahves geht aus dem Monden-Erden-Bereich hervor, um in ihm – mit Hilfe der Zeit – die Sonnenwirkungen so zurückzuhalten, daß sie zur Formung der menschlichen Erdengestalt dienen. Sie wird als Ebenbild Jahves bezeichnet.

Der Ursprung dieser Gestalt verdeutlicht sich durch die Beschreibung der zweiten Schöpfung in der biblischen Genesis. Zur schon vollzogenen ersten Schöpfung aus dem Geiste durch die elohimistischen Schöpfergeister wird bei der zweiten Schöpfung der Erdenstoff – "Staub" – hinzugenommen, wodurch die Polarität Geist – Stoff entsteht. Die Gegensätzlichkeit wird dann durch den eingeblasenen Atem Jahves zum rhythmischen Ausgleich in und durch die Zeit gebracht. In dem Atem weben die auf der Erde durch Jahve zurückgehaltenen Sonnenkräfte im Zeitenstrom und prägen sich dem werdenden Menschen in Übereinstimmung mit der ihm jeweils vorherbestimmten Gestalt ein. Damit vollzieht sich die Evolution des irdischen Menschen. In der Ablösung Jahves durch Christus vollzieht sich dann ein weiterer Wandel. Der Auferstehungsleib wird dem Erdenleib eingefügt. Dadurch kann sich auch die Evolution des übersinnlichen Menschen fortsetzen. Den Beginn dieser Evolution beschreibt die biblische Genesis in der eben erwähnten Schöpfung der Elohim im Bilde Gottes. Das Ereignis bildet die Gestalt des übersinnlichen Menschen. Die weitere Evolution des „himmlischen" Menschen ergibt sich auf dem Hintergrund der Präzessionsvorgänge, die sich im außerirdischen Kosmos ereignen, wo die Sonne den Sternen gegenüber vorangeht und der übersinnliche Mensch sich in fortgesetzter Schöpfung der Elohim zusammen mit den Wesen der sonnenhaften zweiten Hierarchie, der Dynameis und Kyriotetes, weiterentwickelt. Bei diesem Vorgang werden dann die Sternenkräfte zurückgehalten, um durch die übrigen Hierarchien wieder in das Menschenwesen eingefügt zu werden. Damit erlangt der Mensch sein verlorengegangenes übersinnliches Sternenwesen zurück und nimmt an der kosmischen Evolution selber teil. – Das am Himmel erkennbare Vorangehen der Sonne, zusammen mit dem Frühlingspunkt innerhalb des Platonischen Weltenjahres, ist das äußere Bild einer stetig voranschreitenden geistig-physischen Evolution. In diesem Zusammenhang erhält R. Steiners Formulierung bei einem der Vorträge, in der die Geisteswissenschaft nochmals zusammenfassenden Vortragsreihe „Anthroposophie", am 20. 1. 1924 ein besonderes Gewicht (stellvertretend für eine Anzahl früherer Aussagen in diesem Sinne): „Sehen Sie, man kann auf den Frühlingspunkt blicken, in dem jährlich im Frühling die Sonne aufgeht. Er verschiebt sich, er schreitet vorwärts. In alten Zeiten – sagen wir – im ägyptischen Zeitraum war der Frühlingspunkt im Sternbilde des Stieres. Er ist fortgeschritten durch das Sternbild des Stieres, des Widders, steht heute im Sternbild der Fische."

Inhaltsverzeichnis

Zum Geleit	7
Vorwort	9
Einleitung	11
Kosmos, Tierkreis und Zeit	15
Sterne, Sonne und Erde	17
Das Voranschreiten der Sonne in der Präzession	21
Sternzeichen und Vorzeit	26
Chaldäa – Babylonien und Abraham	30
Widder – Waage und die Sternenkräfte	36
Israel und der Sternenhimmel	41
Ägypten, Vorderer Orient und Griechenland	46
Astrologischer Tierkreis und Astrologisches Zeitalter	48
Horoskop, Zeichen und Bilder	52
Sternenfortgang und Zeitenwende	57
Christentum und Sterne	63
Sternenhimmel und Weltenwende	68
Jupiter – Saturn und die große Konjunktion	77
Winter-Sonnen-Wende und Sternen-Erden-Kind	80
Widder-Tierkreis und Fische-Kosmos	90
Weltenstern, Jahresablauf und Erdhemisphären	92
Das Aufblühen des Weltensternes	97
Der Mensch im Kosmos	103
Das Astronomische Zeitalter	104
Apokalypse und Wassermann-Zukunft	109
Erneuerung und Horoskop	127
Weltenfortgang und Jahreslauf	136
Zwölf Kosmische Stimmungen	143
Das Sternenwesen und der Erzengel Michael	164
Tabelle: Bilder und Zeichen im Jahreslauf	167
Tafel: Planeten – Tag- und Nachtaspekte	168
Anhang: Die Richtungsbestimmung der Sonnenbewegung im Platonischen Weltenjahr im Werke R. Steiners	169